나는 남자를 잠시 쉬기로 했다

나는 남자를 잠시 쉬기로 했다

나타샤 스크립처 지음
김문주 옮김

쌤앤파커스

남자를 쉬고 내가 알게 된 것들

나는 한국에서 여성으로 살아본 적이 없지만, 한국 여성들도 결혼과 정착에 대해 강한 압박을 받는다는 사실을 알고 있다(지구 반대편에 있는 나와 크게 다르지 않다). 게다가 한국 여성들은 결혼 후에 경력이 단절될지 모른다는 불안감, 자녀양육에 큰 비용이 든다는 부담감에 시달린다고 알고 있다. 이것은 점점 더 많은 한국 여성이 결혼을 기피하는 이유가 될 거라고 생각한다.

나는 혼자 지내기로 결심한 여성들에게 세상 어느 곳에서도 행복해질 수많은 방법이 있다는 것을 알려주고 싶다. 내 삶은 '연애 디톡스' 과정에서 이미 남자 없이 완벽했다.

친구들과의 우정, 성공적인 커리어, 글쓰기 같은 창의적 노력, 사랑하는 가족, 무엇이든 배우려는 열정, 요가를 하며 만난 친구들…. 나는 삶에 대한 공통된 관심과 전망을 가진 새로운 사람들을 끊임없이 만나면서 외로움 없이 풍족했다. 남자들과의 만남에 집착했을 때는 느껴보지 못한 것들이었다.

무엇을 결정하든, 우리가 원하는 삶을 살면 된다. 그것이 비혼이든지, 연애든지, 동거든지, 아니면 다원적인 관계에 있든지 말이다. 만약 당신이 혼자더라도 결코 절망하지 않기를 바란다. 당신의 삶은 공허하지도 않고 슬프지도 않다. 당신에게는 아무런 문제가 없으며, 결국 인생은 스스로 만드는 것이니까.

나는 수개월 동안의 여정 끝에 지혜와 영감을 얻을 수 있었다. 나는 혼자서도 평화로웠고, 내 인생이 좋은 일들로 가득 차 있다는 것을 인정하게 됐으며, 자기애와 자존감으로 한껏 배가 부른 상태에서 집으로 돌아왔다. 이 깨달음을 한국 독자들과 공유할 수 있어 영광이다. 마지막으로 내가 누군가를 만나고 싶은 애착을 완전히 떨쳤을 때 비로소 특별한 한 사람을 만났음을 덧붙이고 싶다.

존경하는 마음을 담아
나타샤

엄마에게 건 마지막 전화

"어때, 어디 잘생긴 애는 없고?"

파키스탄은 한밤중이었다. 나는 UN 산하기구 중 한 곳의 임시대변인으로 파키스탄에 파견됐다. 그곳은 엄청난 장맛비로 홍수가 나는 바람에 수백만 명의 사람이 삶의 터전을 잃었다. 나는 이질에 걸려 있었고 고장 난 에어컨은 상태를 더욱 악화시키고 있었다.

마침 TV 속 CNN인터내셔널은 코란 한 무더기를 태워버리겠다고 협박하는 플로리다의 미치광이 목사에 관한 속보를 내보내고 있었다. 나는 곧 과거 탈레반의 본거지로 가게 될 판이었기에 파키스탄이 슬럼공화국은 미국 여권을 소지하고 머물기에 좋은 시기가 아니었다.

당시 내가 처해 있는 환경을 생각하면 이번이 내가 엄마와 이야기를 나누는 마지막 기회가 될 수도 있었다. 그럼에도 64살의 우리 엄마는 이곳에서부터 1만 킬로미터 이상 떨어진 미국 워싱턴DC 교외의 어느 안락한 동네에서 내 연애 생활을 취조하는 중이었다. 우리의 마지막 대화가 내 연애 상태 같은 어처구니없는 것이 되어버리면 어쩌란 말인가?

때는 2010년이었다. 나는 파키스탄 전방에서 커뮤니케이션 담당자로 일했다. 기자회견에서 기자들의 질문에 답하거나, 저널리스트와 재력 있는 기부자들을 군용 헬기에 태우고 돌아다닌다거나, 홍수가 지나간 곳에서 인터넷 모금 캠페인에 쓸 폐허 사진을 찍거나, 물과 식량, 피난처를 마련하기 위해 모금을 촉구하는 보도자료를 쓰는 일을 했다.

모든 것이 괴로웠고 절망스러웠다. 그러나 나는 생존 모드로 전환하는 것에 익숙해져서는, 배급품인 프링글스 감자칩과 미지근한 환타만 먹고도 온종일 일할 수 있었다. 샤워를 못한다거나 밥을 먹지 못하는 상황도 헤쳐나갔다. 당시에는 이 일이 인생을 살아가는 가장 의미 있는 방식처럼 느껴졌다.

그럼에도 떨쳐낼 수 없는 불편한 기분이 들었다. 내가 느꼈던 불안감은 폭탄테러 때문인 것 같았다. 2009년에 수도 이슬라마바드에 있는 우리 사무실이 자살폭탄 공격의 표적이 되면서 동료 5명이 목숨을 잃었다. 우리는 그 이후 외교단지에 있는 새 건물로 이사를 갔다. 보안요원들이 우리의 자동차 아래로 금속 탐지기를 들이밀었고, 건물 안에 들어가기 위해서는 보안검사와 신체검사를 거친 뒤 지문을 인식해야 했다.

이 일에 종사하는 사람들은 보통 술을 많이 마셨다. 늘 위험이 도사리고 있다는 느낌을 받았으니까. 술은 우리를 무감각하게 만들었고 좌절감과 분노, 그리고 전반적인 불안감들을 태워 없애는 데 도움이 됐다. 나는 왜 그런지도 잘 모르면서(공포 때문이었을까? 버릇처럼? 아니면

목이 말라서?) 매일 술을 마셨다. 이런 상황에서 나를 지탱해주는 것은 부모님께 내가 안전하다고 알려드리기 위해 밤마다 영상통화를 하는 것이었다. 나 스스로 안전한지 확신이 들지 않을 때도 마찬가지였다.

"타시(나타샤의 애칭 – 옮긴이)?"

"네, 듣고 있어요. 엄마."

나는 엄마가 다음에 무슨 말을 할지 알고 있었다. 엄마가 그의 이름을 언제 내뱉을지는 시간문제일 뿐, 언제나 벌어지는 일이었다.

"나는 네가 왜 페더러처럼 멋있는 남자를 못 만나는지 도대체 모르겠다."

우리 엄마 프라밀라는 상상의 세계에 살고 있다. 그곳에선 잘생긴 유명 테니스 스타를 쉽게 쟁취할 수 있다. 그러나 내가 사는 세계에서는 로저 페더러Roger Federer 같은 테니스 선수, 또는 그처럼 이상적인 남자와 만나게 될 가능성이 상당히 희박했다. 내가 해온 연애는 온통 고난으로 가득해서 내 자립성만 키워주었다. 나는 엄마와 더는 논쟁을 벌이고 싶지 않았다. 세대 차이는 너무 컸고 문화적 균열은 영상통화로 헤쳐나가기에 지나치게 깊었다.

엄마는 그저 내가 '안정되고 행복하게' 사는 모습을 보고 싶어 했다. 고루하긴 하나 이해는 간다. 그 시대의 부모들, 특히 이민 가정에선 딸이 안정적으로 결혼하길 바라니까(엄마는 인도 여성이다). 그러나 로저 페더러에 대한 엄마의 집착 때문에 우리 사이에는 묘한 긴장감이 피어

오르곤 했다. 나와 썸을 타는 남자들을 모조리 그와 비교했기 때문이다. 한마디로 그렇게 높은 기준을 통과할 수 있는 사람이 누가 있겠는가?

분명 누군가는 연애에 있어서 별들이 일렬로 늘어설 때 벌어질 법한 기적을 경험한다. 또 다른 누군가는 마음이 잘 통하고 '이 사람이다.' 싶은 느낌이 드는 누군가가 등장하길 바라며 잘 맞지 않는 사람들을 거치게 된다. 나 역시 영원히 지속될 낭만적인 사랑이 끝끝내 나를 찾아오리라 기대하고 있었다.

나는 사실 경제적으로는 파트너가 필요치 않았고, 이미 감정적으로 풍요로운 생활을 영위하고 있었다. 내 가족, 그리고 한 가족처럼 되어버린 직장 동료들과 남아시아에서 나누는 깊은 우정도 있었다. 반면에 엄마는 이 주제에 대해 강력하지만 반갑지 않은 의견을 내비쳤다. "남아시아 남자는 아내에게 말도 안 되는 기대를 한단다."

엄마는 마치 자기가 남아시아 남자와 결혼이라도 해본 듯, 아니면 내가 남아시아 남자에게 청혼을 받아 고민이라도 하는 듯 퉁명스레 내뱉었다. 나는 난민캠프와 교전지역, 자연재해 피해지역에서 단기간 근무를 하면서 남편을 찾는다는 게 거의 불가능한 일임을 몇 번이고 엄마에게 설명했다. 내가 지금 만날 사람을 찾고 있지 않다는 것도!

이 모든 것이 내가 국제 구호원이 되면서 딸려 오는 불안정함에서 시작됐다. 당시에는 일 자체가 짜릿했기 때문에 그런 것이 희생처럼 느껴지지 않았다. 이 일은 마치 내가 스스로 일종의 구원자처럼 생각하도록 현혹시켰다. 내가 세상을 구하는 영웅이라도 된 듯 말이다.

대다수의 사람들은 삶이 지나치게 단조롭거나 큰 문제를 맞닥뜨렸을 때, 날 것의 적막함에서 불편함을 느낄 때 도망치려고 노력한다. 당시 나는 미처 깨닫지 못했지만, 이는 어떤 인생이 혼돈에 빠져버리는 이유가 되기도 한다. 우리의 내면을 들여다보기 위해 삶의 속도를 늦추는 대신, 그 고요함에서 도망치기 때문이다.

세계를 떠돌아다니거나 극도로 활동적인 일을 한다는 것은 여성에게 출산을 미루거나 완전히 포기해야만 한다는 의미가 됐다. 나는 이와 관련해서 내 인생에 의문을 품기 시작했다. 특히나 마흔 넘은 나이의 싱글 여성들이 때로는 '인도주의적 과부'라고 불리면서 시리아나 아프가니스탄 같은 곳으로 배치받는 경우가 많다는 사실을 알았기 때문이다. 나보다 훨씬 용감한 여성들, 그리고 열정을 가지고 위험한 근무를 몇 년 동안 계속 자처하는 여성들이었다. 나는 그에 맞는 강인함을 끌어낼 수 없었다. 선배들은 그러한 식으로 수십 년간 일해왔고 그에 비하면 나는 고작 몇 년 동안 여러 지역을 들락날락하며 비상근무만 해왔을 뿐이다.

나는 구닥다리처럼 현실적인 외부의 압력을 느끼고 있었다. 한 여성이 다른 사람들과 동일한 시간표에 맞춰 '짝짓기'하지 않으면 그녀를 노처녀로 강등시켜버리는 사회의 압력이었다. 나는 일정한 나이에 도달하기 전까지는 공허함을 느낀다거나 뭔가 결여되어 있다는 느낌을 가져본 적이 없다. 그러나 페이스북을 보면 내가 제대로 된 각본을 따르고 있지 않은 것처럼 느껴졌다. 여성으로서, 그것도 어쩌다 보니 결혼을 신성시하는 나라인 인도에서 온 여성의 딸로서 나를 위해 쓰인 그런 각본 말이다.

나는 32살이었고 내 나이의 많은 사람이 가정을 이루고 있었다. 아기들 사진이 내 뉴스피드에 속속 등장했다. 내가 올려야 할 사진이라고는 흙먼지로 뒤덮인 길 위에서 까맣게 그을린 얼굴을 한 내 모습이 전부다. 둘 중 어느 하나가 좋다거나 나쁘다는 것이 아니다. 하지만 나는 연애, 결혼, 출산 문제에 관해 내적인 불안감을 느끼기 시작하면서 장기간의 해외 근무를 하지 않기로 결심했다.

그러나 그 시점에서 사회는 이미 가장 파괴적인 방식으로 나를 불완전하다고 여기고 있었다. 그리고 그 무렵에는 내가 새롭게 만나는 사람들 모두가 나의 결혼 여부를 무척이나 알고 싶어 했다. 그리고 내가 만나는 모든 사람이 왜 이토록 내 연애에 관심을 보이는지 이해할 수 없었다.

익숙한 것이 위로되지 않는 밤

눈물 때문에 멈추지 마라.
진실을 향해 나아가라.

−나탈리 골드버그Natalie Goldberg, 소설가

이상주의자

엄마와 나는 정반대의 환경에서 자랐다. 엄마는 인도에서 온 난민이었지만 나는 응석받이 미국인이었다. 미국인인 아빠는 싱가포르항공에서 일했다. 우리 가족은 가끔 공짜로 비행기 일등석을 타고 인도, 싱가포르, 홍콩 등 세계 곳곳으로 날아갈 수 있었다. 엄마는 방위산업체의 부사장으로 억척스레 일하며, 우리 가족의 생계를 책임지는 실질적인 가장이었다.

나는 경제적으로나 정서적으로 안정되어 있었고 그렇기에 겁이 없었다. 10대 후반에 접어들 무렵 나는 무엇이든 할 수 있고 내가 하늘에서 툭 하고 떨어져도 이 세상이 마치 트램펄린처럼 받쳐줄 것이라는 믿음이 있었다. 그러나 뉴욕대학교 졸업이 얼마 남지 않은 시점에서 나는 어떤 직업을 가져야 할지 불안해졌다. 한 가지는 분명했다. 나는 세상에서 뭔가를 얻기만 하는 대신 내어줄 수 있는 의미 있는 모험을 원한다는 것이었다.

처음엔 저널리스트의 길이 나에게 맞는 길처럼 느껴졌다. 내가 좋아하는 여행, 모험, 진지함이라는 항목에 딱 들어맞기 때문이었다.

BBC 워싱턴 지부에 인턴으로 취직해서 하루살이 같은 커리어를 시작했다. 그곳에서 내 의지대로 움직이지 않는 거대한 카메라와 삼각대를 질질 끌고 여기저기 돌아다니는 따분한 일을 해야 했다.

그 후 CNN의 뉴스프로그램인 〈시추에이션 룸 The Situation Room〉에서 프리랜서로 일하면서 대본을 나눠주고 정치인부터 폴란드 대통령에 이르기까지 각계각층의 게스트들에게 마이크를 대주곤 했다(이 일은 지성에 대한 가혹한 형벌과도 같았다). 나는 크리스티안 아만포(Christiane Amanpour, CNN의 대표 앵커−옮긴이)를 꿈꿨지만 전쟁으로 피폐해진 나라로 날아가 생방송 카메라 앞에 서기 위해서는 오랫동안 경험을 쌓고 또 쌓아야 한다는 것을 알았다.

결국 TV 방송국에서 일하는 것은 전혀 맞지 않은 듯 느껴졌다. 정떨어지는 권위주의와 물고 뜯고 할퀴는 경쟁이 언론계 전반에 스며 있었다. 그리고 나는 스스로 낯이 그다지 두껍지 못하다는 것을 알게 되었다. 카메라 앞에서 잔뜩 겁먹고 적당한 말을 찾느라 더듬대면서 방청객들과 제대로 된 대화를 나누지 못할 것이 뻔했다. 나는 외향적인 사람을 가장한 내성적인 사람이었고, 매일 생방송을 한다는 것은 내 신경을 너덜너덜하게 만들 것이었다.

나는 인쇄 매체로 방향을 틀었다. 아주 짧은 기간 동안 뉴욕 타임스스퀘어에 있던 콘데나스트 Conde nast 건물에서 프리랜서로 일했다. 그 당시에는 〈글래머〉와 〈틴 보그〉 잡지를 만드는 패션기자들에게 주눅들었다. 나는 패셔너블한 것과는 거리가 멀었기 때문이다. 나를 둘러싼 공허함 때문에 내 속이 파헤쳐지는 것처럼 느껴질 무렵 그곳을 떠나야 했다. 그 절망적인 시기에 나는 몇몇 경제 매체들에 포트폴리오로 기사원고를 써서 보냈다. 경제와 관련해서는 유치원생 수준이나 될까 싶은 나의 지식 수준을 고려하면 내가 완전히 자격미달이라 할 수 있는 주제였다. 모조리 반려당하고 나니 내가 마치 베일에 가려진 세상의 가장자리 위를 터덜터덜 걷는 것 같았다.

그러다 기적적으로 〈내셔널지오그래픽〉에서 1년간 편집업무를 하게 됐을 때, 나는 이것이 사진기자가 되고 싶은 내 꿈을 이루는 첫 발걸음이 될 거라 생각했다. 그러나 내 역할은 책상에 붙박이로 앉아 사진 캡션을 다는 일에 그쳤다. 나는 머리 위에 형광등 하나가 달린 창문도 없는 사무실에서 맹렬한 기세로 일했다. 자유로이 여행을 다니는 일은 베테랑이나 할 수 있는 것으로, 내가 아프리카의 사바나 초원이나 녹아내리는 빙하를 보기 위해서는 10년 정도의 고된 시간을 견뎌내야만 할 수 있었다.

20대의 나는 이상주의자였다. 내가 정말로 하고 싶은 것은 이 세상에 존재하면서 적극적으로 살아가는 것이었다. 내가 잘할 수 있는 일들이 많은데도 수동적으로 세상에 관한 글을 읽거나 사무실 안에 앉아 보내고 싶지 않았다. 나는 언론계를 이리저리 떠돌다가 LA에서 문예창작 석사과정을 시작했지만, 가슴 시린 글을 쓰기에는 경험이 부족하다는 것을 깨달았다.

인터넷 버블이 막 꺼지던 무렵 샌프란시스코로 이사를 가서 어느 스타트업 기업에서 일하기도 했고, 인도로 가서 힌디어를 공부하기도 했다. 인권변호사가 되겠다는 장대한 계획을 세우고 4달간 미국 정부의 법률사무원으로 일하기도 했다. 그러나 일단 법과대학원 입학시험과 최종 변호사시험을 통과하는 과정이 내게 즐거움 없는 노력이 될 것임을 깨닫고는 그만두었다.

나는 한시도 가만히 있지를 못했다. 내 자유로운 영혼은 끊임없이 변화하면서 무럭무럭 자라났고, 다음에 무슨 일이 벌어질지 모르는 상태에 중독되어 있었다(이는 한 가지 일에 전념하는 것보다 훨씬 신나는 일이었다). 계속할 수 있는 일을 그만둘 때마다 이대로 영원히 백수로 남게 될까 봐 불안한 마음이 쓰나미처럼 밀려들기도 했다. 그러나 나는 진정으로 원하는 것을 찾아 끝없이 떠나야 하는 것처럼 느껴졌다.

연애사

/

나는 주로 나보다 나이가 많은 남자들과 연애했다. 첫사랑은 불규칙적인 장거리 연애로 시작됐다. 처음으로 내 모든 것이라고 느꼈던 이 남자 제임스는 영국에서 온 34살의 서퍼로, 충만한 감성을 지닌 자유로운 영혼이었다. 나는 어느 해 여름 해외유학프로그램의 일환으로 파리에서 열린 한 음악제에서 인턴으로 일했다. 불행하게도 마레 지구에 있는 아파트에 도둑이 들면서 나는 이사를 가야만 했고, 내친 김에 스페인과 포르투갈 내륙 깊숙이까지 배낭여행을 떠났다.

포르투갈 알가르베에서 제임스를 만났다. 그는 옥스퍼드 근처에서 살면서 전기기사로 일했고 지역의 로큰롤 커버밴드에서 리드보컬을 맡고 있었다. 그는 친구들과 서핑하려고 놀러온 것이었다. 우리는 어느 해변가에서 미친 듯이 사랑에 빠져버렸고 몇 주 후 나는 파리에서 그에게 내 순결을 바쳤다. 저 멀리 에펠탑이 보이는, 별로 아로새긴 듯한 여름밤이었다.

우리는 3년간 사랑을 이어갔고 세계 곳곳에서 만났다. 런던, 뉴욕, 멕시코, 스위스 베르비에, 플로리다키스 제도, 프랑스 비아리츠, 샌프란시스코 같은 곳들이었다. 한 번에 몇 주간 머물기도 했다. 그리고 연애는 아이러니하게도 밸런타인데이에 파리에서 끝나버렸다. 시간이 흐르면서 내가 그에 대한, 아니면 우리에 대한 흥미를 잃어버렸고 더 이상 아닌 척할 수 없다는 것을 깨달았을 때였다.

그는 바닥에 누워 몸을 둥글게 말고는 밤새도록 울어댔다. 나는 연애를 끝내버린 방식에 죄책감을 느꼈지만 정직하게 살고 싶었다. 그 후에 또 다른 영국 남자가 3년이라는 시간 동안 내 인생에 머물렀다. 나보다 15살이 많은 이혼남이자 광고회사의 임원이었다. 내가 샌프란시스코에서 파견직으로 일하는 동안 만난 애슐리는 섹시하고 똑똑했으며 강아지를 사랑했다. 그러나 이 연애도 결국 끝나버렸다. 그는 냉정하고 쌀쌀맞은 남자였기 때문이다.

2번의 연애 끝에 나는 감정적인 친밀감을 두려워하게 됐다. 게다가 25살의 나는 여전히 어딘가에 정착하는 것이 힘든 심각한 방랑벽을 가지고 있었다. 뭄바이에서는 꽤 괜찮은 남편감 후보와 썸을 탔지만 이는 자연스레 우정으로 변해버렸다. 그 후에 니얼이 있었다. 니얼은 단단한 근육질 몸에 섬세한 감성을 지닌 아일랜드 남자였다. 우리는 뉴욕에서 만났고, 내 친구를 통해 알게 된 그는 29살의 공인회계사이자 파트타임 럭비선수였다.

그는 내 온전한 모습을 봐주는 사람이었으며 나 자신보다 나를 더 잘 알고 있는 이였다. 그러나 당시 나는 그런 것을 바라지 않았다. 나는 어떤 사람이 나보다 나에 대해 더 많은 것을 볼 수 있고, 내 영혼이 겁에 질리지 않게 나를 사랑해주는 것에 대해 고마워하기에는 너무 어렸다. 그의 사랑은 드물게 순수하며 단단한 사랑이었음에도 말이다.

돌이켜 생각해보면 난민의 딸로서 내게 주입된 것들이 있었다. 외갓집이 겪은 고난에 견줄 만한 어려움을 마주한 이들에 대한 연대감, 내가 받을 수 있던 교육을 바탕으로 뭔가를 해내야만 한다는 의무감, 내가 태어나 누린 유복한 삶에 대한 책임감 같은 것들이었다.

엄마는 당시 아기였기 때문에 새로이 건국한 파키스탄을 탈출한 것에 대한 직접적인 기억은 없었다. 그러나 갑작스레 고향을 떠나야 했던 엄마의 이야기는 친척들에게 듣고 또 들으며 자랐다. 또한 나는 어린 나이에 가난에 노출되기도 했다. 가난의 희생자로서가 아니라 어린 시절 인도를 여행하면서 본의 아니게 구경꾼으로서 노출된 것이었다. 인도는 빈곤이 감춰지지 않는 곳이자 가끔은 이 세상 그 어느 곳보다 가난이 두드러지는 곳이다.

나는 왜 뭄바이에 있는 우리 아파트 뒷골목에서 사람들이, 그러니까 반쯤 헐벗은 가족들이 더러운 길거리에서 먹고 자고 씻으며 살고 있는지, 그리고 우리가 베란다에서 그 사람들의 모든 사생활을 볼 수 있는 것인지 궁금해 했던 기억이 난다. 오빠가 우리 집 아래로 지나가는 사람들에게 맹렬한 기세로 석류 씨앗을 내뱉을 때면, 내가 목도하는 그 불평등에 마음이 불편해졌다. 그 당시에 나는 그 어느 것도 이해하지 못했는데도.

터무니없이 들리겠지만 대학을 졸업한 후 몇 년 동안 나는 특권에서 벗어나 고난으로 들어서기 위해 노력하고 있었다. 고난이 사회경제적 지위에 따라 구별되는 것은 아니지만 나는 내가 인생에서 심오한 고통을 경험해본 적이 없다는 것을 알았고, 내가 온실 속에서 과보호받고 자랐음을 알고 있었다. 나에게 '사랑'과 '행복한 결혼'은 너무 온건한 경험이었다. 어떤 면에서 나는 그 어느 것도 누릴 자격이 없는 사람처럼 느껴졌다.

나는 이미 행운을 충분히 누렸고, 사랑이나 결혼은 내가 완전해지고 싶은 방식으로 나를 완성시켜줄 수 없다는 것을 알았다. 이런 것들은 나를 다듬어주지 못할 것이었다. 이성을 넘어선 이유들로 말미암아 나는 고난을 겪을 필요가 있었고, 바라건대 그 모든 것을 이해할 수 있어야 했다. 아니, 적어도 노력은 해봐야 했다.

마침내 나는 인도주의적인 직업에 이끌렸다. UN에서 일하고 싶어졌고 그곳에 취직하려면 좀 더 많은 역량이 필요했다. 나는 런던으로 옮겨 런던정치경제대학교에서 석사학위를 땄다. 엄마는 내가 그곳에서 괜찮은 남편감을 찾아오길 바랐지만 나는 다른 방향으로 이에 반항했다.

에식스에서 온 이 영국 남자는 자칭 사업가였다. 섹시하고도 멋지고 신비로웠다(위험한 방향으로). 나는 그가 영국 첩보부에서 일한다고 확신했다. 우리 부모님은 나를 보러 런던에 왔다가 그를 만났는데, 그 다지 좋은 인상을 받지 못했다. 엄마는 특히나 그에 대해 '허언증 환자' 라고 말했을 정도다. 어떤 경우든 그 관계는 내가 런던을 떠나 UN에 취직하려고 애쓰는 동안 끝나버렸다.

UN에서 일하고 싶다고 마음을 정한 뒤로 사랑도, 연애할 대상을 찾는 것도 내 관심사가 아니었다. 나는 워싱턴DC를 떠나면서 똑똑하고 다정하지만 거칠고 집착이 심한 스웨덴 출신의 화가와 관계를 정리하면서 지지부진한 이별의 중간 어디쯤에 있었다.

로마에 정착하자마자 나는 동료의 손에 이끌려 참석한 어느 디너 파티에서 나보다 20살 많은 영화감독인 알레산드로를 소개받았다. 그는 매력적이고 지적이며 느긋한 삶을 살고 있었던 반면에 나는 어마어마한 양의 일을 다루면서 커리어를 차곡차곡 쌓아가고 있었다. 우리는 몇 달간 데이트했지만 나는 우리가 밤마다 비우는 와인 몇 병과 가끔 로마국립오페라극장으로 떠나는 짧은 나들이 외에 '달콤한 인생'을 누릴 만한 시간이 별로 없었다. 그의 오토바이 뒷자리에 앉아 바람에 머리카락을 흩날리며 로마를 가로지르는 꿈결 같은 저녁도 소용없었다. 나는 거의 매일 밤늦게 집에 돌아왔으니까.

"넌 일하기 위해 사는구나."

그는 한 손에는 와인 잔을 들고, 다른 한 손에는 담배를 들고는 안락의자에 기대어 앉아 조금은 힐난하는 어조로 말하곤 했다. 물론 나는 내 일을 사랑했다. 그리고 그 외에 다른 것에 헌신할 준비가 되어 있

지 않았다. 나는 무질서하고 거칠며 마음 아픈 이 아름다운 세상에 깊
숙이 관여하는 것이 좋았다. 나는 마침내 내 꿈의 직업에 안착하게 된
것이다. 그러나 물론, 꿈은 변하기 마련이다.

산소호흡기

파키스탄 대홍수 이후 2년, 그리고 내가 뉴욕을 떠난 지 7년 만에 나는 미국으로 돌아왔다. 나는 최전선에서 조금 떨어진 곳으로 직무로 옮겼다. 워싱턴DC에서 만성 폐질환으로 고통받는 아빠를 더 가까이에서 볼 수 있는 사무직이었다. 아빠의 폐는 수십 년간의 흡연으로 거의 완전히 망가졌고, 아빠는 산소호흡기에 간신히 의존하고 있었다. 의사들은 그다지 좋지 않은 예상을 내놓았다.

1년 전 아빠가 병원에 실려와 산소호흡기에 연결됐을 때 나는 전쟁 중인 튀니지—리비아 접경지대에 배치되어 있었다. 이 말인즉슨 내가 불안감에 사로잡혀 집으로 돌아올 때까지 25시간이나 걸렸다는 의미다. 아빠가 생사를 넘나드는 상황이 계속됐고 나는 집으로 돌아가는 내내 오빠와 문자를 주고받으며 미친 사람처럼 상황을 확인했다.

내가 병원 중환자실에 도착해 아빠의 건조하고도 익숙한 손을 잡고 기계의 으스스한 소리에 맞춰 아빠의 가슴팍이 겨우 오르내리는 모습을 볼 때까지 아빠는 그 시간을 이겨냈다. 나는 다시는 아빠로부터 그토록 머나먼 곳에 머물거나 지구 반대편에서 공포로 가득 찬 여정을 견뎌낼 수 없었다. 우리 아빠는 내가 가까이 있기를 바랄 것이다. 위험한 곳을 떠도는 것이 아니라, 안전한 곳에서 다른 딸들처럼 평범한 삶을 살면서 말이다.

미국에 있는 집으로 돌아온다는 사실은 우리 부모님의 불안감을 누그러뜨렸지만 내 불안감은 다른 방향에서 악화됐다. 아빠의 병환은 나를 초조하게 만들었다. 나는 내가 행복하게 결혼하는 모습을 아빠에게 보여주고 싶었고, 내 아이를 만나게 해주고 싶었다. 그리고 아빠가 영화 '신부의 아버지'(1991)에서 스티브 마틴Steve Martin이 그랬듯 내 손을 잡고 버진로드를 따라 걸어주길 바랐다.

아빠는 이런 것들을 원한다고 말한 적이 없지만 나는 이런 터무니없는 생각에 사로잡혀 있었다. 아마도 일종의 대응기제였던 것 같다. 사실 아빠는 내 직업적인 위험에 대해 걱정했지만 모험을 좋아하는 내 성향을 이해했다. 아빠로부터 물려받은 것이었으니까. 아빠는 내가 이룬 것들을 자랑스러워했고 한 번도 결혼이나 아이에 대해 생각하라고 강요한 적이 없었다.

그러나 나는 최소한 엄마가 된다는 생각을 해보는 것이 내 삶에 대한 예의라고 생각했다. 우선순위를 매기지 않는다면 내게 주어진 기회를 놓칠 수도 있다는 생각이 들자 내 자유와 세계 각지를 누리는 커리어가 두려워지기 시작했다. 늙어서 홀로 남겨질 수도 있었다. 제멋대로 뻗친 회색머리를 하고 교외에 살면서 아이도 없이 취미 삼아 풍경風景을 만들거나, 아니면 온몸에 타투를 새기고 인도 고아Goa 해변의 나무 오두막에 살면서 떠돌이 개들에게 둘러싸여 있거나 말이다.

홀로 보내는 그 모든 시간이, 연인 대신 자유와 커리어적인 야망을 택한 것이 대개는 행복했지만 가끔 정착하고 싶은 충동이 불쑥 치밀었다. 일부는 생물학적 이유로, 일부는 사회적 압력 때문에, 일부는 문화적인 이유에서였지만 가장 큰 이유는 내 모든 것이나 마찬가지인 한 사람이 죽음을 앞두고 있었기 때문이다. 외국에 있는 동안 내 연애 생활에 대해 느껴왔던 고요한 불안감이 돌연 표면으로 올라왔고 나는 이번만큼은 뭔가 조치를 취해서 내가 쓰려는 서사에 맞아 들어가게 해야 한다는 압박을 느꼈다. 그래서 21세기 여성이 할 법한 일을 했다. 내가 실제로는 해본 적 없는 일, 또는 목표를 달성하기 위해 해본 적 없는 일이었다. 즉 데이트를 하기 시작했다. 그것도 아주 많이, 자주.

나는 편집증적으로 남자친구 혹은 남편 찾기 미션에 착수했다. 월스트리트에서부터 어퍼이스트사이드(Upper east side, 뉴욕의 부촌-옮긴이)까지, 그리고 윌리엄스버그 다리를 건너고 사이버 공간에 이르기까지 헤맸다. 그다지 내키지 않았지만 온라인데이트도 하고 결혼정보 회사에도 가입하고 어색한 소개팅이 주는 모욕감에 나 자신을 내놔야 했다. 나는 모임마다 참석했고 거기서 셀 수 없이 많은 보드카와 마티니를 마신 탓에 간이 망가질 판이었다. 케틀원Ketel One 보드카를 홀짝이는 틈틈이 특별한 누군가를 찾기 위해 레이더를 돌려야 했다. 심지어 고급 피트니스센터에도 등록했다. 내 옆에서 역기를 들고 있는 멋진 남자를 만날 수도 있다는 희박한 가능성 때문이었다. 이 모든 활동 때문에 결국 나는 1년 내내 숙취에 시달렸고 운동기구를 이용하다 작은 사고를 여러 차례 당하고 말았다.

사랑을 찾는다는 것이 그토록 우스꽝스러울 정도로 어려운 일일 거라고는 한 번도 생각하지 않았다. 내가 좋아하는 누군가를 만나기 위해 그리 힘든 시간을 보내게 될 거라고도 생각하지 않았다. 언제나 사람들을 쉽게 만나곤 했기 때문이었다. 추측컨대 점차 줄어드는 결혼 가능성과 임신 가능성으로 인한 불안감 속에서 나는 20대에는 생각지도 않았던 구혼자들에 관해 스스로를 설득하려 애썼다.

솔직히 말하면 내가 함께 있고 싶지 않은 누군가와 함께해야 한다는 생각만으로 토할 것 같았다. 남자들에게는 하나같이 뭔가 이상한 구석이 있었고, 마치 하늘이 내 결혼을 막기 위해 음모라도 꾸미는 것처럼 느껴졌다. 싱글 여성이라면 이런 행위가 영혼을 파괴하는 시도임을 잘 알 것이다. 변태, 바람둥이, 야심가, 대인기피증 환자 같은 남자들에게 엮이고, 가끔은 너무 열중하게 되기도 했으니까.

과연 사랑이 전부인 남자가 있을까? 키 크고 똑똑한 데다, 깔끔하고 유머감각이 있고 직업이 좋고 다양한 언어를 구사하며 속내가 깊기까지 한 남자가 있긴 할까? 자신감과 정직함, 인내심이 넘쳐흐르고 여자의 불안정함을 감싸 안아줄 수 있는 성숙한 영혼은? 아침에 녹즙을 마시고 〈뉴요커〉지를 읽지만, 그러면서도 펑크 난 타이어를 갈아 끼우고 어떠한 고난도 이겨낼 수 있는 그런 남자는?

절망 속에서 몇 달을 허우적댄 후 노력을 멈추었을 때 나는 특별한 사람을 만나게 됐다. 친구들과 그래머시 파크 호텔에서 꽤나 시끌벅적했던 당구 게임을 막 마치고 집으로 돌아가려던 참이었는데, 그가 나에게 다가왔다. 그렇게 나는 사랑스럽고 풍성한 머리숱과 파란 눈을 가진 프랑스 남자인 장-클로드와 대화를 시작했다. 그는 프랑스 남자답게 끈질기게 접근했고 우리는 데이트를 시작했다.

드디어 다정하고 피폐하지 않으며 에어컨도 뚝딱 설치할 수 있는 남자가 나타났다. 나를 웃게 하고, 함께 시간을 보내는 것이 보통은 즐거운 그런 남자였다. 그러나 당시의 나는 멋지고 관대한 상태가 아니었다. 그즈음 '남자에 미쳐 있던 내 멘탈'은 불쌍한 장-클로드에게 공격을 퍼부었다. 그의 유일한 죄는 나보다 10살이 어리다는 것뿐이었는데도. 이런 나 때문에 그는 자신이 내게 어울리는 사람이 아니라고 느끼게 됐고 마음에 상처를 입고 말았다.

"나, 자기를 위해 해줄 수 있는 게 없어."

어느 날 그는 강아지 같은 눈으로 나를 바라보며 슬픔을 담아 말했다. 그는 나를 차버렸고 내 마음은 부서져버렸다.

몇 달 후 나는 새로운 남자와 데이트를 시작했다. 스펙이 훌륭한 사람, 즉 잘생기고 똑똑하고 사회적으로 성공한 남자였다. 몇 가지 적신호가 눈에 들어왔지만 나는 어리석게도 이를 무시하기로 마음먹었다. 이를테면 그는 자신이 이기적인 플레이보이라고 자랑스럽게 떠벌렸다(명심하자. 사람들은 스스로가 어떤 사람인지 자기 입으로 말해주기 마련이다).

그는 이혼 절차를 밟는 중이었고 당시 내가 살던 곳에서 길 건너편에 있는 크로스비 스트리트 호텔(Crosby Street Hotel, 맨해튼 중심부에 있는 고급호텔 – 옮긴이)에 살고 있었다. 그러나 그는, 내게 가장 끔찍한 일이 벌어지고 나서 고작 며칠 만에 이별을 고했다.

그러니까, 우리 아빠가 돌아가신 바로 그때 말이다.

사랑을 찾는다는 것이 그토록 우스꽝스러울 정도로
어려운 일일 거라고는 생각해본 적이 없었다.
언제나 사람들을 쉽게 만나왔기 때문이다.

점차 줄어드는 결혼 가능성과
임신 가능성으로 인한 불안감 속에서
20대에는 생각지도 않았던 구혼자들에 관해
스스로를 설득하려 애썼다.

/

유품

/

아빠의 죽음은 이 세상 모든 것에 의문을 품게 했다. 그렇지 않다면 그 어떤 일이 그럴 수 있겠는가? 아빠 딸이라는 내 역할은 끝나버렸고 내 정체성의 일부가 떨어져나간 것처럼 느껴졌다. 칼 융에 의하면 마흔 언저리에 있는 중년, 즉 성년기와 노년기의 중간쯤에 있는 시기는 인생에서 중요한 전환기다. 그는 이 시기를 본질적인 '자기 Self'가 '자아 Ego'로부터 떨어지려는 '분리기'라고 정의했다. 죽음을 둘러싼 의미와 목적을 찾아내기 위한 모험이 그 중심을 차지한다. 그리고 분명 인생에서 이 시기에 해당되는 사람들에게는 인생의 더 깊은 의미, 즉 육체적이거나 정신적으로 순례를 떠나는 것이 꽤나 흔한 일이다.

아빠가 돌아가신 후 나는 마치 숨을 쉬고 싶지 않은 양 아주 얕게 숨을 쉰다는 것을 깨달았다. 숨은 삶을 의미했고 삶은 너무나 슬펐다. 이런 비통함에는 나 자신에 대한 분노도 있었다(남편감 찾기에 실패하고 말았으니까). 이 말인즉슨 우리 아빠가 내 아이를 영영 만날 수 없게 됐다는 의미다. 내가 이기적이고 이 일을 일찍이 내 우선순위로 삼지 않았기 때문이다. 내 아이는 영원히 우리 아빠를 알지 못할 것이고, 이렇게 훌륭한 분이 있었다는 것을 알지 못할 것이다. 내 아이는 아빠의 사진은 볼 수 있겠지만 아빠가 얼마나 다정한 사람이었는지 절대 이해하지 못할 것이다.

가장 괴로웠던 것은 내가 다시는 아빠의 따스한 목덜미에 얼굴을 파묻고 세븐일레븐에서 파는 커피와 담배, 그리고 〈워싱턴포스트〉 지의 스포츠 면이 어우러져 만들어내는 편안하고도 익숙한 냄새를 맡을 수 없다는 것이다. 아빠의 깊고 마음 든든한 목소리를 다시는 들을 수 없고 아빠의 농담에 다시는 웃을 수 없고(흘려들을 정도의 무미건조한 농담들이었다), 아빠가 가장 좋아하는 작가인 마크 트웨인의 말을 인용하는 것을 다시는 들을 수 없게 되어버렸다.

나는 아빠가 돌아가셨다는 사실을 깨닫고 결국 무너져버렸다. 30년 넘게 나를 지탱해주는 바위 같았던 사람이 더 이상 내 전화에 반갑게 "우리 딸, 잘 지냈어?" 하고 답하지 못한다는 것, 내가 집에 돌아올 때 우리 집 빨간 현관문 앞에서 나를 기다리지 않는다는 사실이었다. 나는 이것을 현실로 받아들이지 못했고 시계를 되돌리고 싶었다. 내가 산산조각나지 않도록 나를 구원해주는 아주 작은 사실 하나는, 내가 아빠를 최선을 다해 열렬히 사랑했고 항상 아빠가 그 사실을 아는지 확인하곤 했다는 것뿐이다.

때로는 아빠와 내가 하나의 영혼을 나눠 가진 것처럼 느껴졌다.

우리는 말하지 않아도 소통할 수 있었고, 아빠가 돌아가셨을 때 나는 아빠가 내 안으로 녹아드는 듯한 기분을 느꼈다. 마치 자연이 대순환하듯, 파도가 모래 속에 스미듯이 말이다. 임종하는 순간, 아빠의 몸이 내 품 안에 푹 쓰러질 때 나는 아빠를 안고 있었다. 며칠 후 나는 여전히 아빠의 목소리를 머릿속으로 들을 수 있었고 아빠가 그 어디로도 가지 않은 것처럼 느껴졌다. 아빠가 쓰던 올드 스파이스 애프터 셰이브 로션의 향기가 집안 전체에 스며 있었다. 아빠가 깔끔하게 면도한 얼굴에 방금 바르기라도 한 듯.

그러나 아빠는 돌아가셨고, 이제는 아빠가 글씨를 끼적여놓은 하얀 종이 몇 장만이 책상 위에 남아 있다. 아직도 나는 아빠의 컴퓨터 옆에 놓인 종이를 볼 때면 잠시 동안 숨을 멈춘다. 아빠가 나의 새로 바꾼 핸드폰 번호, 생수배달점 번호, 혹시나 잊어버릴 경우에 대비한 컴퓨터 비밀번호, 그리고 쓰다 만 연필들이 꽂혀 있는 먼지 쌓인 컵 같은 것들이 모두 고스란히 남겨져 있다.

그중엔 내가 영영 버릴 수 없는 플라스틱 컵도 하나 있다. 아빠가 가장 좋아하던 컵이자 언제나 물이 반쯤 차 있던 파란색 컵이다. 나는 아빠가 돌아가시던 날 목을 축이던 그 물을 내다 버릴 수가 없었다(결국 그 물은 증발해버렸다. 아빠가 계신 곳으로 가버린 걸까?). 그 컵은 들고 다니기에 가볍고 작았으며, 아빠는 그 컵의 크기를 좋아했다. 오직 그 컵만 좋아했다.

아빠는 나이가 들어갈수록 과거에 향수를 느꼈다. 오빠와 내가 뼈가 시리도록 추운 업스테이트 뉴욕의 겨울에조차 대부분의 시간을 바깥에서 보내던 어린 시절이었다. 우리는 매일같이 그레이트 데인 종의 커다란 개인 헬가와 함께 강가에서 뛰어놀았다. 아빠는 이 시기를 압축해 자비출판한 자서전에 담았다. 《강 상류에서 내려온 편지》라는 제목이 붙은 이 일련의 '추운 겨울 이야기'는 아빠가 오빠와 나에게 당신의 보물처럼 소중한 기억을 남겨주기 위해 쓴 것이었다.

아빠가 돌아가신 뒤 인생이 복잡해질수록 나는 더 불행하다고 느꼈다. 그리고 뭔가가 사라져버렸다고 느낄수록 나는 내가 가야 할 길에서 멀어졌고 그 간극을 어떻게 좁혀야 할지 몰랐다. 여전히 이 세상의 일부로 존재하면서 인생을 복잡하지 않게 만들 수 있는 방법은 무엇일까? 귀중한 것들을 잃을 정도로 빠르게 움직이지 않으면서도 앞으로 나아갈 수 있는 방법은 무엇일까?

내 안에서 변화가 일어나고 있었다. 그 변화는 아무런 소리도 내지 않고 보이지도 않았다. 별이 하나도 보이지 않는 밤하늘을 올려다보는 것과 비슷했다. 보이지는 않지만 느낄 수는 있었으니까. 내 마음이 바닥을 내리찍던 그때, 우느라 숨도 제대로 못 쉬고 침대에 웅크리고 있던 나는 미묘하면서도 강력한 뭔가를 느꼈다. 무엇인지 이해할 수는 없었지만, 그 지혜로운 존재가 어떻게 해서든 내가 활기를 되찾을 수 있도록 도와줄 것만 같았다.

그게 무엇이든, 좋은 거였다.

나는 거기에 주의를 기울여야 했다.

그리고 그 존재를 키워나가야만 했지.

어떻게 해야 할지 확실치 않더라도.

본능적으로 그 존재는 나를 구해줄 것 같았다. 아니, 더 정확히는 내가 나를 구할 것이었다. 그건 내 일부였으니까. 가끔 우리는 이를 직감이나 초자연적인 힘이라고 부른다. 그 신비로운 존재는 무엇이든 간에 스스로 존재감을 드러내고 있었고, 나는 이를 향해 마음을 활짝 열어놓을 필요가 있었다. 내 고통은 나를 갈림길로 데려갔다. 한쪽 길은 잘 포장되어 나를 좀 더 평범한 경로로 데려갈 것이다. 사람들은 대체로 이 길을 더 좋아한다. 길을 찾기에 더 쉽고 햇빛도 잘 들며 붐비더라도 더 빨리 갈 수 있는 길이기 때문이다. 이 세계에는 견고한 틀이 있어 모든 일이 일정한 방식으로 이뤄졌으며 어긋나는 법이 없었다.

하지만 다른 한쪽 길은 무섭고 어두웠으며 익숙하지 않았다. 그늘이 드리우고 넘어야 할 가파른 산이 있었다. 그러나 신비롭고 다채로운 빛이 만들어내는 음영과 사방에서 불어오는 바람이 있었으며, 이 모든 것이 순환하는 것처럼 느껴졌다. 예측이 불가능해서 길을 잃기 십상인, 나무딸기 덤불이 시야를 가리는 곳이었다. 이 길은 나에게 오라고 손짓했지만 나는 머뭇거렸다. 내게 익숙한 모든 것을 잃게 될까 봐, 또 소외될까 두려웠기 때문이었다.

나는 외롭고 유령 같은 사람이 될까 두려웠던 것 같다. 그러나 트라우마를 입을 정도로 큰 충격을 받고 나면 우리는 진정한 자기에게서 멀어질 수도 있고, 아니면 나 자신에게 발자국 더 가까이 다가갈 수도 있다. 익숙한 것들을 고수하면 더 안전하겠지만 그것들은 더 이상 내게 위로가 되지 않았다.

아빠가 돌아가셨다는 사실을 깨닫고 무너져버렸다.
30년 넘게 나를 지탱해주는 바위 같았던 사람이
내 전화에 "우리 딸, 잘 지냈어?" 하고 답하지 못한다는 것,
우리 집 빨간 현관문 앞에서
나를 더는 기다리지 않는다는 사실을 말이다.

Part 2

나는 남자를 잠시 쉬기로 했다

당신은 스스로를 구해내든지,
구해지지 못한 채 남든지 둘 중 하나다.

— 앨리스 시볼드 Alice Sebold, 작가

/

연애 단식 선언

/

아버지가 돌아가시고 3년이 지났지만, 나는 여전히 내 직감을 따르지 못하고 있었다. 아마도 아직 때가 아니었던 것 같다. 내게서 발랄했던 성향은 사라져버렸다. 일도 만족스럽지 않았고 스펙을 추가하는 것에도 흥미가 없었다.

아빠가 돌아가시고 3년간 나는 계속 '진정한 사랑'을 찾아 헤맸다. 내게 모든 것을 의미하던 한 남자를 대체할 이상형을 찾고 싶었다(사실상 불가능하다는 건 알고 있었지만). 나는 커피나 와인을 마시는 평범한 만남을 줄지어 가졌지만 남는 것이 없었다. 바닷가에서 제임스와 나눴던 미친 듯한 사랑도 없었고, 애슐리처럼 육체적으로 끌리는 남자도 없었다.

니얼은 아내와 아이들을 데리고 캘리포니아로 이사 갔지만 10년의 결혼 생활 끝에 별거에 들어갔다고 했다. 그는 내가 언젠가 일 때문에 라디오 인터뷰를 한 것을 듣고는 다시 연락해왔고, 그 후 우리는 몇 년간 가끔 만났다. "진짜로 해냈구나. 꿈을 이뤘어." 그가 이 말을 했을 때 나는 내 꿈이 무엇이었는지 기억나지 않았다.

뉴욕에 돌아온 후 노르웨이 남자, 호주 남자, 캐나다 남자, 그리고 그 외에도 많은 남자와 저녁식사를 여러 차례 했다. 모두 일하다 만난 남자들이었다. 그러나 이 남자들 모두 여러 가지 이유에서 자격미달이 었다. 지나치게 명랑하거나, 너무 뚱하거나, 깊이가 없거나, 과하게 진중하거나, 그다지 똑똑하지 않거나, 너무 불안정하거나, 거만했다. 나는 다음과 같은 사소한 이유로 수많은 남자를 실격시켰다.

감자튀김을 먹고 손가락을 빤 죄 (양쪽 손 모두, 여러 차례에 걸쳐)

나를 계속 다른 이름(나탈리)으로 부른 죄

주머니 속에 1달러 지폐뭉치를 두툼하게 넣고 다닌 죄

내 키(160센티미터)와 비슷한 죄

보톡스를 맞아서 얼굴 표정이 살짝 어색한 죄

저녁식사 자리에서 털모자를 계속 쓰고 있던 죄

입술에 포진이 눈에 띄게 나 있었던 죄

이빨로 만든 목걸이를 목에 건 죄

황제다이어트를 하고 있던 죄

변호사시험이라도 보듯 영수증을 들여다본 죄

속눈썹이 없는 죄

산딸기 색깔 바지를 입은 죄

구강성교를 요구한 죄

승합차에 자식들을 가득 태우는 게 꿈이라고 말한 죄

그 외에도 많고 많다. 어쩌면 까다롭게 굴면서 높은 기준을 가지고 있는 것이 내 가장 큰 단점일 수도 있었다. 나는 아빠 같은 사람을 찾으려 애썼고 그 누구도 아빠 같을 수 없기에 실망할 수밖에 없었다. 어쩌면 마음을 열어놓은 내 태도 때문에 아무런 선택도 하지 못했던 것도 같다. 이것이 바로 배리 슈위츠Barry Schwartz의 수수께끼로, 현대 사회를 살아가는 우리에게 풍부한 선택지가 실제로 괴로움을 주는 원인이 되며, 우리는 너무 많은 선택지들 때문에 거의 무력해져서 아무런 결정도 하지 않게 된다.

게다가 완벽한 동반자를 찾아내려는 일은 아빠가 돌아가신 후에 훨씬 더 의미 없게 느껴졌다. 나는 데이트어플을 통해 만난 낯선 이들과 소소한 수다를 떠는 동안에는 내게 필요한 내적인 노력, 즉 반성적이고 깊은 묵상을 할 수 없었다. 설사 내가 이미 알던 사람들이라도 마찬가지였다. 당시 나는 내면에서 무슨 일이 벌어지고 있는지 귀 기울일 준비가 되어 있지 않았다.

그렇다면 이 지구상에 내가 존재하는 이유는 무엇일까? 내가 뽑을 수 있는 카드가 '진실한 사랑'이 아니라면, 내가 정신 산란한 결혼과 출산의 짓거리를 하지 않을 거라면, 그 와중에 사랑하는 사람을 잃는 고통을 견뎌야만 한다면 나는 어떻게 해야 계속 살아가면서 내면의 평화를 찾을 수 있는지 궁금해졌다.

홀로코스트에서 살아남은 빅토르 프랭클은 우리가 고통을 피할 수는 없지만 이를 어떻게 극복하고, 그 안에서 의미를 찾으며, 새로운 목적을 가지고 앞으로 나아갈 수 있을지 선택할 수 있다고 말했다. 즉 답은 고통 안에 존재한다. 물론 나는 아우슈비츠의 참상을 경험하지 못했고 난민도 아니었지만 나름의 고통을 가지고 있었다. 그 고통을 폄하하는 대신 나는 헤치고 나아가 저 반대편에 도달하기 위해 이를 받아들이기로 했다.

나는 내 인생이 반드시 이래야만 한다고 생각했던 것들을 지우고 인생 그 자체를 느끼는 방식으로 살아보기로 결심했다. 내가 인생을 두고 정해두었던 모든 제약과 규격에서 벗어나서 말이다. 그것은 일종의 항복이자 미래를 향해, 그리고 내면을 향해 디디는 작은 발걸음이었다. 내면의 변화가 아무런 소리 없이, 마치 눈처럼 조용히 일어났다.

내 목적은 내가 경험하고 있는 고통에서 의미를 찾는 것이고, 또 어떻게 해야 내가 완전함을 느끼는 인생을 설계할 수 있는지 고민해 보는 것이다. 어떻게 해야 나 스스로에게 만족할 수 있으며 공허함 없이 인생을 꽉 채울 수 있을까? 어떻게 해야 그저 나라는 사실만으로 온전한 느낌을 되찾을 수 있을까? 나를 억누르던 계획이나 생각에서 벗어나 내가 여성으로서 지금 어떠해야 한다든지, 지금쯤 인생에서 어디쯤에 있어야 한다든지 하는 기대로부터 자유로워져 진정한 내가 될 수 있는지에 초점을 맞추기로 했다.

"잘해 봐!"

매즈는 내 얼굴에 대고 담배연기를 후 내뿜으며 말했다. 내가 잠시 동안 연애를 중단하겠다고 처음 말한 때였다. 까칠한 상사인 매즈는 덴마크에서 온 골초 게이였고, '남자를 뺀 정체성 찾기'라는 아이디어를 재미있어 했다. 비아냥거림과 냉소가 뒤섞인 그의 말투에는 나를 귀여워하는 애정이 담겨 있었다. 그는 내 자조를 위한 허튼짓거리를 은근히 지지했다. 취미인 양 나를 가차 없이 조롱하던 말투도 바뀌었고, 심지어 내 프로젝트에 강한 흥미를 보이기까지 했다. 나는 이를 간단하게 부르기 위해 '연애 단식'이라고 이름 붙였다.

잠시 남자 만나기를 중단하면서 내 삶에는 여유가 생겼다. 이전의 나는 닥치는 대로 영성 관련 책들을 차분히 들여다보는 데 슬픔을 쏟아왔지만 이제는 신비주의자들의 시조차 금세 시큰둥해졌다. 사람이 책으로부터 얻을 수 있는 위안에는 한계가 있으며 직접적인 경험이 동반돼야 더 잘 치유되기도 한다. 다만 내가 무엇을 경험해야 할지, 어떻게 해야 할지 몰랐을 뿐이다.

나는 뭔가가 필요했다…. 새롭거나 심오한 방식을 받아들이는 데 시간을 덜 쓰는 대신 내 안의 방치되고 어두컴컴한 공간을 향해 삐걱거리는 문을 여는 것에 더 많은 시간을 써야 했다. 나 혼자서, 나만의 방식을 통해서 말이다. 그 무렵에는 명상센터에서 만나는 사람들의 극단적인 믿음도 경계하게 됐다. 그들은 자포자기한 채 자신들이 가진 힘을 깨달으려 하지도 않고 소위 영적인 지도자에게 주도권을 넘겨줬다.

나는 밖에서 스승을 찾지 않았다. 오직 내면에서 스승을 찾으려 했고 그것을 찾기까지 시간이 필요했다. 비통함과 실망스러운 연애로 점철된 날들을 지나 이제는 치유와 자양慈養과 영감을 구할 필요가 있었다. 그 어느 때보다도 내게 정말로 필요한 것은 나 자신의 중심부로 향하는 순례였고, 데이트어플로는 그곳에 닿을 수 없었다.

확실히 나는 사랑이라는 개념 또는 인간관계에서 무엇이 필요한 가에 대한 현실적인 고민보다 낭만적인 사랑에 대한 애달프고도 가혹한 추구에 중독되어 있었다. 나는 너무 심한 외로움, 그리고 삼켜질 것 같은 두려움 사이에서 오락가락하고 있었다. 나는 나 자신에게 지나치게 빠져들거나, 다른 사람에게 질식당할까 봐 두려웠다. 절친 카밀라에 게 내 생각을 이야기하자 그녀는 중국 속담 하나를 들려줬다.

진주는 바닷가에 그냥 놓여 있지 않아.
진주를 가지고 싶으면 바닷속으로 뛰어들어야 해.

나는 내 안으로 깊이 들어가 답을 찾아야만 했다.

엄마

나는 용감하게 직장에서의 근무시간을 줄였다(해고당하는 악몽을 되풀이해서 꾸긴 했지만). UN에서 자문위원으로 일하게 되자 지원 업무 쪽으로 내 노력의 방향을 바꿀 수 있게 됐다. 그 덕분에 나는 나에 대해 더 느릿해지고 유연해졌다. 심지어 집에 들어가는 돈을 아끼고 미니멀한 삶을 살기 위해 맨해튼에 있던 원룸 아파트에서 나와 친구와 방 3개짜리 아파트를 나눠 쓰게 됐다. 내게는 매머드급 변화였다.

"잊지 마. 고용주들은 네가 마흔이 되면 뽑지 않을 거야."

내가 38살이 되던 해에 엄마에게 1년, 아니면 내가 견딜 수 있는 한 오랫동안 파트타임 프리랜서로 전환해 일하려고 한다고 이야기하자 엄마는 이렇게 충고했다. 엄마의 예측이 옳았는지 확신할 수는 없지만, 나는 엄마에게 그 변화가 일시적인 것이라며 안심시키려 애썼다. 나는 그저 미미한 위기를 지나가고 있을 뿐이라고. 아무것도 걱정할 것 없다고.

나는 엄마의 불안이 어디에서 온 것인지 이해했다. 엄마는 깊은 불안감으로 점철된 유년기를 보냈다. 그녀는 어렸을 적 봄베이(오늘날의 뭄바이)에서 살았다. 힌두교를 믿던 조부모님은 인도의 분할 때문에 아기였던 엄마와 대가족을 데리고 빈손으로 고향에서 도망쳐 나와야만 했다.

반세기도 전의 일이다. 1947년 8월 인도는 거의 200년 만에 영국의 손아귀에서 벗어나 독립을 쟁취했다[2]. 30년 가까이 민족주의자들의 투쟁이 지속되는 한편 영국 경제가 침체기에 들어서면서 더 이상은 지나치게 확장된 제국을 유지할 수 없게 되었다. 그 결과로 2개의 독립국가가 탄생했으니, 힌두교도가 대다수인 인도와 무슬림 위주의 파키스탄이었다. 거의 1,500만 명의 사람들이 고향에서 끔찍하게 쫓겨났고 인류 역사상 가장 큰 강제 이주가 이뤄졌다. 우리 가족은 아대륙 남쪽에 있는 신드방갈로식 대저택으로 다시는 돌아가지 못했다.

인도 분리 독립의 여파는 가족에게 재앙이 됐다. 분리 독립이 일어난 지 2년 후 할아버지는 인도 동북부의 트리푸라로 갔고 그곳에서 법조계 연줄을 통해 일할 수 있게 됐다. 당시 봄베이에 있는 방 2개짜리 아파트에 아내와 여섯 아이를 남겨둔 채였다. 몇 달 동안 할아버지에게서 아무런 소식도 들을 수 없었던 바비 할머니와 첫째 삼촌은 할아버지를 찾으러 떠났고, 마침내 할아버지가 있는 곳을 알아낼 수 있었다. 히말라야 산기슭에 있는, 차 재배로 유명한 아삼 지방의 한 아쉬람(ashram, 힌두교도들이 수행하며 머무는 거처 – 옮긴이)이었다.

할아버지는 완전히 다른 사람이 되어 있었다. 젊은 시절의 할아버지는 술과 담배를 좋아하는 플레이보이였다지만 분리 독립, 그리고 아쉬람 거주 이후 과묵해졌다. 그 후 할아버지는 파킨슨병을 앓게 되고, 오빠와 내가 태어나기 전에 돌아가셨다. 나는 이 이야기를 듣고 할아버지에게 흥미를 가지게 됐다. 아빠가 돌아가신 후의 내 모습과 비슷하다고 생각했다. 분명 우리 할아버지도 뭔가를 찾아 떠났던 것이리라. 나는 우리가 닮은 영혼을 가졌으리라 추측했고 생전의 할아버지를 알았으면 좋았을 것이라며 아쉬워했다.

아마도 할아버지는 무언가로부터 탈출하려고 몸부림칠 때 가족이든 직업이든 익숙한 구조 안에 남는 것이 어렵다고 깨달았던 것 같다. 할아버지에게 벌어진 일이 그러했듯이 나는 그 일이 내게도 벌어졌다고 느꼈다. 그리고 내 안에 가득 스며들고 내가 평소와 다른 선택을 하도록 끌어당긴 직감이나 초자연적 이끌림에 겁을 먹었다. 이에 이끌리는 것은 사치처럼 느껴졌지만 가장 중대한 사치였다.

한편으로 나는 불안정한 길을 걷기 위해 좀 더 안정적인 길을 버림으로써 무책임하게 행동하고 있었다. 그러면서도 부름에 귀를 기울였다. 공간을 만들어내고 시간을 개척해나간다는 것은 내 행복을 위한 투자였다. 그러나 많은 여성이 일을 쉽게 그만둘 수 없을 때, 또는 쪼들리는 살림이나 가정에 대한 책임 때문에 하고 싶은 일을 할 수 없을 때 '두려움'이 그 앞을 가로막는 경우가 종종 있다. 삶의 속도를 늦추고 자유를 구하려 노력하는 과정이 놀라우리만큼 겁이 날 수 있다. 이는 우리가 되고 싶던 모습이나 계획했던 모습을 바꿔버리기도 하니까.

의식하든 아니든 간에 스스로를 완전히 드러내는 일이기 때문에 나는 내 앞에 놓인 여정이 두렵다고 느끼면서도 마음의 준비가 되어 있었다. 우리는 자기 자신에 관한 진실, 우리가 가진 힘을 두려워할 수도 있다[3]. 나는 내 직업적인 자아보다 본질적인 자아를 우선시하는 수밖에 없었다(이는 자기보존에 관한 문제였으니까). 따라서 내가 성장하기 위해서는 평범한 세상에서 나를 잘라내야 했다.

11월의 어느 차가운 날, 나는 우간다로 출장을 가 있는 매즈에게 메일을 보냈다. 제목은 "더 이상 뉴욕에 살 수 없어요."였다. 나는 인도에서 원격으로 일하겠다고 제안했다. 인도는 무기한으로 늘어나는 프로젝트가 많은 지역이었다. 나는 시차에 방해받지 않고 인도에서 그 프로젝트를 지원해줄 수 있을 거라고 주장했다. 내게는 뭄바이에서의 삶이 따뜻하고 자유로우리라는 점이 좋았다. 가장 좋은 점은 우리 가족이 여전히 인도에 할아버지의 이름으로 된 아파트를 가지고 있다는 것이다. 이는 다음 세계로 나아가는 다리와 같았고 아마도 내가 희미하게 감지해온 다른 길로 건너가기 위한 공간일 수도 있었다. 인도가 낯설 리 없으면서도 나를 탈바꿈하기 위해 환경의 변화를 선택했다.

매즈는 내가 몇 달간 재택근무를 하는 데 동의했다. 나는 일을 잘했고(충분히 검증됐고) 그 점이 내 제안에 힘을 실어줬다. 단, 뉴욕 시간에 맞춰 일한다는 조건이 따랐다. 나는 한밤중에 전화회의에 참석하는 것쯤은 별것 아니라고 생각했다. 매즈가 아무리 시큰둥하고 매섭게 잽을 날리더라도 그는 내게 거의 형제와도 같은 애정을 가지고 있었다. 아마도 그는 내 불안감을 알아차린 것 같았다. 자기 자신도 그러한 불안감이 있었기 때문일 것이다(누구나 불안감을 가지고 있지만 그 뿌리가 무엇인지 반드시 이해할 필요는 없다). 그 가벼운 불만이 영원히 계속되는 상태로 어기적거리며 살아갈 순 없었다. "단조로움은 시간을 망가뜨리고 새로움은 시간을 늘려준다[4]."는 말처럼 내게는 새로운 여백이 필요했다. 그것도 아주 광활한 여유가 필요했다.

친척들

인도는 내 두 번째 고향이기도 하다. 나는 기어 다니기도 전부터 이곳에 왔었고 뭄바이 남부의 이 아파트에 오래 머물기도 했다. 성인이 되고부터 인도를 방문할 때마다 친척들은 내가 남편이 없다는 사실을 집요하게 파고들면서 결혼을 강권했다. 나는 내가 잘나가는 커리어 우먼임을 설명하려 했지만 내 직업적 성취에 대한 흥미는 금세 시들해지고 대화는 언제나 정착에 관한 질문을 향해 다시 방향을 틀었다.

친척들은 내가 불완전하다고 느끼게 만들면서 나를 깎아내렸다. 솔직히 분노가 치밀어 올랐다. 나는 보통의 사람들보다 더 많은 세상을 누비고 있었지만 아무 남정네와도 엮여 있지 않다는 이유로 반쪽 인간 취급을 받고 있었다. 나는 사랑하지 않는 사람과의 결혼은 생각해본 적도 없지만, 인도에서는 사랑이 결혼 후에 찾아온다고 보았다.

나는 이제 인도의 기준으로 완연한 노처녀다. 더 이상 친척들의 손에 이끌려 신랑 후보자를 소개받지 않아도 된다는 것은 커다란 위안이 됐다. 또한 가장 열정 넘치던 중매쟁이들 다수는 이제 나이가 많아져서 자기 몸이 아픈 것에 신경 쓰느라 바빴다. 이들에게 나는 의심의 여지도 없이 실패한, 서양의 가치관을 가진 서양 여자였다.

"너는 결혼하는 대신 커리어 우먼이 되기로 선택한 거야."

데비 이모는 내게 이렇게 말하곤 했다. 이모 역시 결혼한 적이 없기 때문에 나쁜 뜻에서 한 말이 아니었다. 특히나 중매결혼이 흔한 나라에서 그 시대에는 드문 일이었다. 물론 이모는 뜬금없이 그 주제에 대해 원치 않은 충고를 엄청나게 쏟아내기도 했다. 이모가 생각하는 최고의 남편감은 '5개의 멜론을 가진 남자'였다. 즉 건강과 부, 지혜, 성품을 지니고 훌륭한 교육을 받아야 한다는 것이다.

데비 이모는 함께하면 즐거운 이야기꾼이지만 그녀가 생각하는 커리어 우먼은 내게 잘 납득되지 않았다. 이모는 여성이 사랑과 커리어라는 두 마리 토끼를 모두 잡을 수 없다고 생각했다. 물론 오늘날 여성은 그보다 더 많은 일을 할 수 있다. 대단히 개방적인 연애를 하거나 한 번에 여러 남자를 만나면서도 과거보다 지나치게 냉혹한 평가를 받지 않는다. 이것이 바로 무시무시한 변혁의 시대를 살아가는 이점이다.

그러한 점에서 우리는 모두 판도를 새로이 짜고 있으며 선택지가 풍요로운 미지의 영역으로 넘어가고 있는 것이다. 그러나 데비 이모는 여전히 완고했다. 이모는 엄마가 우리 집에서 실질적인 가장 노릇을 하는 것을 보고 우리 아빠가 전혀 아무렇지 않았던 것에 대해 '대부분의' 남자들은 여성의 지성과 성공에 위협을 느낀다고 말했다. 그리고 나 역시 그 길을 추구하게 된다면 남자들 앞에서 덜 똑똑한 척해야 한다고 말했다.

그러나 내가 선택한 길은 달랐다. 몇 년간 나만의 길을 만들어나가면서 예측 가능한 길을 걸었을 때보다 좀 더 심도 있는 인생을 살 수 있었다.

어떻게 해야 나 스스로에게 만족하고
공허함 없이 인생을 꽉 채울 수 있을까?
어떻게 해야 그저 나라는 사실만으로
온전한 느낌을 되찾을 수 있을까?

여성으로서 지금 어떠해야 한다든지,
인생에서 지금 어디쯤에 있어야 한다든지
사람들의 기대로부터 자유로워져
진정한 내가 되는 것에 초점을 맞추기로 했다.

머무는 일보다 힘든 건 떠나는 일

삶의 여정 한가운데서
어두운 숲속을 헤매고 있는 나 자신을 발견했다.

－단테 알리기에리, 시인

뿌리

엄마는 첫 한 달 동안은 나와 함께 있었다. 엄마는 여전사였으며, 내가 아는 가장 부지런한 사람이었다. 그녀는 3명의 남자형제와 언니, 부모님, 그리고 남편까지 잃었지만 매일 자기 일을 해내면서도 다른 사람들에게 너그럽고 관대했으며, 비통해지고 싶은 유혹에서 빠져나갔다. 엄마 안에는 근원적인 어둠이 존재했고 내가 엄마를 알기 때문에 감지할 수 있는 뚜렷한 슬픔이 있었지만, 엄마는 삶을 살아냈다.

엄마의 또 다른 훌륭한 점은 그녀가 혁신적인 여성이면서도 그렇게 되기 위해 노력한 것도 아니라는 점이다. 또한 당신이 실제로 혁신적이라는 자각조차 하지 않고 있었다. 엄마는 19살 때 할머니에 의해 머나먼 미국까지, 먼저 이민 간 오빠와 함께 살라고 보내졌다.

새로운 세상에서 엄마는 오빠와 단둘이 살면서 낮에는 아르바이트를 하고 밤에는 대학교를 다녔다. 24살의 나이에 엄마는 부모님께 편지를 써서 당신이 미국 남자와 사랑에 빠졌으며 그 사람과 결혼하겠다고 편지를 썼다. 부모님은 매주 광분을 담은 편지를 보내왔다. 엄마를 단념시키려는 편지가 우편함에 엄청나게 꽂혔지만 엄마는 아랑곳하지 않았다. 급기야 아빠를 데리고 인도까지 날아가서 가족들에게 아빠를 받아들이도록 강요했다.

엄마는 업스테이트 뉴욕에 있는 시댁식구들을 만나러 가면서 난생 처음 눈을 보았다. 우리 아빠의 부모님은 조경사와 교사였는데, 엄마를 보고는 깜짝 놀라셨다고 한다. 엄마의 명랑한 성격과 화려한 패션센스 때문만이 아니라 그 당시 대부분의 주민이 백인으로 이뤄진 작은 마을을 지나가는 몇 안 되는 갈색 피부의 사람이었기 때문이었다. 다행히도 조부모님은 진보적이고 넓은 마음을 가졌기에 엄마를 진심으로 환영하며 가족으로 받아들이게 됐다.

또 엄마는 보수적이며 전통적이었다. 지극히 인도인다운 특징 가운데 하나로, 우리가 절대 입에 올려서는 안 되는 단어가 몇몇 있었다. 예를 들어, 엄마는 절대 내게 섹스에 대해 이야기하지 않았다(그게 무엇인지, 어떻게 하는 것인지). 아빠 역시 마찬가지였다. 사춘기에 내가 섹스에 대해 아는 모든 것은, 비가 오는 여름날 오후 지하실의 먼지 쌓인 상자 안에서 발견한 커다란 카마수트라 그림책에서 나온 것이었다.

아주 이상한 요가 자세로 몸을 뒤틀어야만 했고, 너무 불편해 보였기 때문에 나는 섹스를 오랫동안 피해왔다. 사랑도 마찬가지였다. 사랑을 더 이상 피할 수 없을 때까지 피하려고 노력했다. 그래서일까, 내가 뉴욕으로 돌아와 진정한 사랑을 찾기 시작했을 때 그토록 쉽고 자연스러웠던 연애가 어렵게 느껴졌는지도 모른다.

내 안에는 여러 조각의 엄마가 존재했고 아빠 역시 내 안에 동등한 지분을 가지고 있었다. 그리고 아마 조상들의 것도. 하지만 내 안에는, 우리 모두의 안에는 그 누구에게도 속하지 않은 완전히 신비로운 부분이 존재한다. 이 특질은 나를 당혹스럽게 만들었다. 만약 생물학적으로 내가 두 사람에게서 태어난 것이라면, 내가 내 안에 품고 있는 이 부분에 관해서도 알고 싶었다. 그러면 내가 가지고 있었는지조차 모를 질문들에 대한 답을 찾을 수 있을지도 몰랐다.

섀도 리더

인도에 온 지 2주 만에 섀도 리더Shadow Reader와 약속을 잡았다. 그림자를 읽어주는 일종의 점쟁이였다. 그가 내 상실감을 덜어줄 뭔가를 이야기해주길 바랐다. 내가 올바른 방향으로 가고 있다고 확신시켜주는 그런 예언, 좋은 일이 다가오고 있으며 마침내 내면의 평화에 다가갈 수 있게 된다는 그런 예언을 날조해서라도 들려주길 바랐다.

내가 읽은 바에 의하면 섀도 리더는 내가 햇볕 아래에 서 있을 때 그 위에 드리워진 그림자의 크기들을 분석함으로써 내 인생에 대해 많은 것을 알아낸다. 약속을 잡기 위해 그와 통화해보니 나는 힌두어의 도움을 받아야 했다. 짐짓 거절하는 체하던 엄마는 함께 가서 내 통역사가 되어주기로 했다.

우리는 그 건물 안에 들어서기도 전에 바로 돌아 나오고 싶어졌다. 건물이 금방이라도 무너져 내릴 것처럼 보였기 때문이었다. 수척한 소 한 마리가 입구에 쌓인 쓰레기 더미 사이로 어슬렁거렸고 수북이 널브러진 감자 껍질을 씹으면서 긴 꼬리로 파리를 내쫓고 있었다. 랩 원피스를 세련되게 차려입은 엄마는 샴페인이 나오는 브런치를 먹으러 호텔로 가고 싶어 했지만 나는 이 건물이 지저분할수록 점이 더 진정성 있을 거라며 엄마를 설득했다. 엄마가 여전히 미심쩍어 하자 로저 페더러를 언급했다.

"엄마, 페더러 같은 남자가 어디에 숨어 있는지 알 수도 있어."

조심조심 우리는 부서진 층계를 올랐다. 마침내 방에 들어서자 새도 리더와 그의 아들이 마치 오래 전 잃어버린 친척이라도 만난 양 우리를 껴안았다. 그러더니 아들이 나를 옥상으로 통하는 무척 기우뚱거리는 사다리로 이끌었다. 그리고 그가 내 그림자를 측정하는 25분 동안 내게 가만히 서서 이글거리는 해를 마주하고 있으라고 했다. 다시 방 안으로 돌아오자 이 아버지와 아들로 이루어진 2인조는 엄마와 나를 흔들의자에 앉히고 분석한 것을 말하기 시작했다. 아버지 점쟁이는 남은 인생 동안 무슨 일이 닥쳐올 것인지 5년 단위로 이야기했다.

75살까지 짚어 올라간 그는 그 이후에는 더 이상 아무것도 보이지 않는다고 했다. 그러는 동안 햇살이 뿌연 창문을 통해 비쳐 들어왔고, 아들은 아버지가 단조로운 목소리로 이야기하는 동안 조용히 앉아 있었다. 나는 남자의 말을 가만히 듣고 있는 엄마를 힐끗 쳐다봤다. 엄마는 심각한 표정을 하고는 내게 말했다.

"저 남자가 그러는데, 네가 순수한 영혼이래."

"그거 말고 더 많은 얘기를 한 거 같은데요."

"네가 돈 때문에 어렵게 살지는 않을 거래."

그러더니 엄마의 말투가 회의에서 낙담으로 변해버렸다. 미세한 변화였지만 나는 이를 감지할 수 있었다.

"또 뭐래요?"

엄마는 말을 멈췄다. 방 안이 고요해졌다.

"네가 결혼하지 않을 거란다."

이야기가 끊겼다. 이야기가 끊어진 첫 번째 이유는 내 안의 페미니스트는 결혼이 이성애적 규범에서 벗어난 성적 지향을 가진 사람들을 차별하는 구식 제도임을 알고 있었지만 결혼하고 싶었기 때문이다. 그 어리석고 낡은 결혼이 언젠가는 내 인생에도 펼쳐질 거라 생각했다.

두 번째 이유는 내가 결혼하지 않는다면 미래를 위한 새로운 계획을 생각해내야 했기 때문이다. 그 미래에는 고양이가 여러 마리 포함되어 있을 수도 있었다(심지어 나는 고양이를 좋아하지도 않는다).

세 번째 이유는 내가 탐욕스럽게 살아왔다고 느껴졌기 때문이다. 나는 벌써 이번 생에 할당된 사랑을 모두 받았는지도 모른다. 그리고 어떤 사람들은 경험조차 못할 때 나는 더 많은 것을 기대하면서 욕심을 부렸는지도 모른다.

네 번째 이유는 내가 우리 부모님처럼 동화 같은 사랑을 원했기 때문이다. 나는 점차 모든 사람이 그렇게 낭만적인 사랑을 하는 것은 아니라고 깨닫기 시작했다. 모든 사람이 사랑이 넘치고 마음이 따스한 사람을 만나 결혼하게 되는 것은 아니니까 말이다.

PART 3

다섯 번째 이유는 엄마를 실망시키고 싶지 않아서였다. 엄마는 자식의 행복을 바랄 뿐이다. 여섯 번째 이유는 내 가장 깊은 공포를 건드렸기 때문이다. 내가 영원히 혼자, 사랑받지 못하고 살 것이라는 공포였다. 내가 구제불능에 별나서, 너무 생각이 많아서, 너무 불안정하고 변덕스러워서, 평범하기에는 너무 예민해서, 태평하고 속 편하게 살기엔 너무 복잡해서 아무도 나를 사랑할 수 없게 된다는 공포였다.

내가 정기적으로 찾아가는 단골 치과 의사선생님은 어떤 남자를 만나 사랑하게 됐고, 결혼해 잘 살고 있다. 나는 그녀가 부러웠다. 사실 세상에 의문을 품기 시작하면 정말로 돌아올 수 없는 강을 건너게 된다. '왜 나는 저 의사처럼 남편과 즐겁게 살면 안 되는 걸까?' 이런 질문들은 내 상황을 더 복잡하게 만들 뿐인데도 말이다.

이로써 나는 내 속마음을 알게 됐다. 사실 나는 누군가를 마음속에 받아들이기에 내 외로움에 너무 익숙해져버렸다. 사람들을 받아들이고 약점을 보여주는 것은 무서운 일이다. 누군가에게 마음을 완전히 여는 일은 그 누구도 나를 완벽히 파악하지 못하게 하는 것보다 어렵다. 임자가 있는 남자와 데이트하는 것은 더 쉬운 일이다. 그 남자 때문에 나 자신을 잃을 위험이 없고 그 남자 역시 나를 가지기 위해 실제로 마음을 열지 않을 테니까.

"아휴, 타시. 그 사람 말에 신경 쓰지 마. 사기꾼이야! 왜 우리가 이런 데 돈을 낭비했는지 모르겠다."

엄마는 손으로 내 뺨을 닦아주며 말했다. 나는 엄마가 옳다는 것을 알고 있었다. 그러나 여전히 내가 스스로의 감정에 끌려 다니는 것이 기분 좋았다. 그렇지 않다면 나는 완전히 무너져 내릴 수도 있었으니까. 내가 느끼는 모든 슬픔과 공포를 그러모아 감정을 느끼지 못하는 상자에 욱여넣고는 깊은 곳에 묻어버리고 싶었다. 그러면 그 상자는 소화되지 못하는 음식처럼 그곳에 영원히 남아 있게 될 것이었다.

물론 모든 사람이 사별의 경험에 다르게 대처한다. 어떤 사람은 암울한 유머감각을 기르게 되고, 또 어떤 사람은 자가 치료를 하든지 스스로를 무감각하게 만드는 다른 뭔가를 한다든지 감정을 억누르기도 한다. 내 경우에는 감정을 조금이라도 드러내면 왈칵 쏟아져 나오게 될 것 같았다.

우리 아파트 복도 건너편에 사는 이웃이 떠올랐다. 41살의 여인은 의사들도 알아내지 못하는 기이한 신경병에 걸려 불구가 되었다. 그녀는 보행기에 앉아 천천히, 아주 고통스럽게 움직여야 했다. 어머니, 오빠와 함께 사는 그녀는 여행을 가거나 낭만적인 사랑을 할 수 없었다. 상태가 점점 악화되고 있던 어느 날 오후 나는 그녀와 나란히 앉아 있었다. 최근에 발작을 일으킨 뒤로는 입을 다물지도 못할 정도였다. 그녀가 하는 말은 이해하기가 거의 불가능했고, 누워 있을 때 하는 말은 겨우 알아들을 수 있었지만 그조차도 중얼거림에 가까웠다.

나는 그녀가 TV를 보거나 책을 읽을 수도 없을 정도로 우울하다는 것을 가까스로 파악했다. 그녀는 내가 가져간 초콜릿도 먹을 수 없었다(초콜릿이 다 녹아야만 겨우 삼킬 수 있었다). 나는 그녀에게 물었다.

"제가 뭘 해드릴 수 있을까요?"

"치료제를 찾아줘."

그녀를 생각하면 나는 자신에게 화가 났다. 나는 UN에서 일하면서 삶을 크게 위협하지 않는 어떤 문제나 선진국 사람들이 겪는 '제1세계 문제'로 분류될 법한 사소한 것들 때문에 화가 날 때마다 죄책감을 느꼈다. 나는 일하면서 시체를 보았고, 전쟁이나 자연재해 때문에 집을 잃게 된 가족들을 만났으며, 지진과 전쟁, 기근, 그리고 암울한 운명 때문에 사랑하는 이를 잃은 사람들을 알게 됐다. 그리고 사회의 가장 가난하고 궁핍한 주변부에 사는 사람들과 이야기를 나눴다. 그토록 광범위하게 응집된 인간의 고통을 목격하게 되면서 나는 내 감정을 의도적으로 억누르게 됐다.

그러나 이제 마음을 열기 시작했다. 나는 내 감정을 계속 억누르고 속박해놓을 수 없음을 깨달았다(감정이 왈칵 쏟아져 나온다 할지라도). 내 감정은 그저 끓어오를 뿐 그 어딘가로 사라지지 않았다. 나는 나 자신의 고통을 이불 밑으로 감추는 대신 진정으로 애통해 하고 존중하기 시작했다.

고통은 인간이 공유하는 경험들 가운데 하나다. 그리고 나는 분명 내 몫의 고통을 가지고 있었다. 아버지를 잃은 것, 어려서 죽은 내 친구와 가족, 그리고 내가 국제 구호원으로서 보아왔던 것들에 대한 고통이었다. 나는 아직 만들어지지도 않았고 내 상상 속에만 존재하는(태어나지 않은) 내 아이를 애도했다. 그 아이가 존재하게 하기 위해 아무것도 하지 못하면서 말이다. 또한 나는 지나간 연애에 대해서도 애도했다. 그들과의 사랑은 이제 평범해져버렸고, 그 연애가 정말 사랑이었을까 궁금해졌다.

내 가장 깊은 공포는
내가 영원히 혼자,
사랑받지 못하고 살 것이라는 공포다.

내가 구제불능에 별나서, 너무 생각이 많아서
너무 불안정하고 변덕스러워서
평범하기에는 너무 예민해서
태평하고 속 편하게 살기엔 너무 복잡해서
아무도 나를 사랑할 수 없게 된다는 공포였다.

여름밤

J를 처음 만났을 때 그녀는 결혼한 상태였다. 우리는 한 친구의 소개로 만나게 됐는데, 친구에 따르면 J는 뉴욕으로 파견된 지 얼마 안 된 저널리스트였다. 키가 크고 매력적인 그녀는 길게 기른 금발 머리에 눈동자가 회색이었다. 외적으로 특별히 도드라지는 특징은 없었지만 내가 자신과 눈을 오래도록 맞추게 하는 능력이 있었다. 나는 누군가와 이야기할 때면 여기저기를 흘긋 쳐다보는 버릇을 고치려고 노력하는 중이었다.

30분이 지나서 각자의 길로 흩어지고 난 뒤 나는 그녀에 대해 잊어버렸다. 인생은 흘러가고 우리는 사람들을 금세 잊곤 하니까. 2년 후 우리는 어느 행사에서 우연히 다시 만났다. 그녀의 2살 난 딸에 관해 가볍게 수다를 떨다가 또 다른 행사에서 보기로 약속했다. 우리는 서로에게 흥미를 느끼고 있었고 둘 사이에는 미묘한 끌림이 존재했다. 그 시점에서 그녀는 남편과 이혼했고 나는 적어도 한동안 연애를 중지하기로 마음먹고 있었다.

그러나 기대치 못한 일이 벌어졌다. 내가 그녀를 플라토닉하지 않은 방식으로 생각하기 시작한 것이다. 주말에 침대에 누워 있으면 그녀를 향한 생각이 폭주하면서 그녀의 몸, 입술에 대해 상상하고 있었다. 나는 놀라버렸다. 다른 많은 여성처럼 20대에 동성연애를 경험했지만 그때는 즉흥적이었고 실험적이었으며 보통은 엄청나게 술을 많이 마신 다음 날이었다.

이번에는 달랐다. 나보다 몇 살 많은 어느 여자에 대해 진지하고 의도적으로 환상을 품은 것이었으니까. 여성에 대해 이런 식으로 느껴본 적이 없었고 어떻게 해야 이 감정을 쫓아내버릴 수 있는지 알지 못했다. 나는 감정이란 그 시기를 지나면 사라지는 법이라고 생각해왔다. 한쪽 문을 닫으면 다른 쪽 문이 열리기 마련이라고. 그러나 그 감정은 계속 머물렀다.

J와 만날 때면 그녀는 나를 반갑게 껴안았고, 그러면 내 얼굴은 창피해서 달아오르곤 했다. 그녀는 알고 있었을까? 그녀는 내 눈을 통해 목구멍을 거쳐 식도를 타고 내려가다 내 뱃속까지 닿도록 바라보았다. 그녀는 다정하게 나를 바라보고 나를 칭찬해줬다. 유혹이었을까, 아니면 그저 한 여성이 다른 여성을 친절하게 대하는 것뿐이었을까? 그녀가 나와 친구가 되고 싶어 한다는 것은 알았지만 왜 그런지는 몰랐다. 내가 느끼는 감정이 상호적이라고 믿고 싶었지만, 사실 말이 되지 않았다.

"그냥 네 생각일 뿐이야."

내 친구는 우리가 서로 사랑한다는 미미한 증거를 내놓자 이렇게 덧붙였다. "네가 데이트어플을 지워버린 다음부터 그냥 심심해진 거야." 어쩌면 나는 미쳐가고 있었는지 모른다. 우리는 둘 다 이성애자였고 오직 남자들하고만 진지한 연애를 해왔다. J 역시 다른 여자 때문에 자신을 떠난 남자와 한때 결혼한 여자였다. 내가 어떤 여자를 바라볼 때면 보통 무슨 옷을 입었는지 보기 위해서지 그녀를 욕망해서가 아니었다. J를 만나기 전까지는 그랬다.

나는 이 짝사랑에 굴복하기 시작했다. 이에 맞서 싸우는 것은 지나치게 기진맥진한 일이었다. 나는 그녀와 만나기를 고대하면서 동시에 보고 싶지 않았다. 그녀는 너무 위협적이었으니까. 그녀는 나를 당황스럽게, 숨도 제대로 쉬지 못하게, 정신을 잃어버리게 만들었다. 그녀 앞에서 내 말은 뚝뚝 끊겼고 투박했다. 그녀는 똑똑하고 분명하게 말했으며, 매끄러운 목소리에 부드러운 남아프리카 억양이 돋보였다.

날이 궂거나 맑거나 매일 아침마다 15분 동안 명상했지만 여전히 내 머릿속을 채운 그녀에 대한 생각에 하루 종일 끌려 다녔다. 그리고 어떻게 해야 내면을 다스릴 수 있는지 알려주는 온갖 영성 관련 책들을 읽어보았음에도 J는 나를 너무나 연약하게 만들었다. 그녀를 보지 못할 때면 공허함을 느꼈다.

이 여자는 내가 다니는 쿤달리니 요가 수업이나 레이키 대체의학 자격증에 대해 이야기하면, 코끝을 찡그리고 애매하게 웃으면서 마치 자기가 알던 사람들 가운데 가장 희한한 사람이라는 듯 나를 바라봤다. 나는 그녀가 그럴 때면 자아가 무너지는 것 같았다. 그녀는 술을 마시거나 코미디 공연을 보러 가는 것을 좋아했고, 나이트클럽에 가거나 레스토랑에서 스테이크 먹기를 좋아했다. 우리는 정말 달랐지만 그것이 내게는 전혀 문제되지 않았다.

일이 벌어지고 말았다. 그녀가 초대한 어느 언론 매체 행사에서 몇 시간을 보낸 후였다. 나는 그녀가 1시간 만에 보드카와 마티니 3잔을 마셔버린 게 기억난다. 그녀는 술잔에 꽂힌 올리브들을 먼저 먹었다. 그녀의 입술이 이쑤시개 주변을 훑더니 일부러 올리브를 한 알씩 빼냈다. 벨벳소파에 그녀와 나란히 앉았다. 나는 시끄럽게 쏟아지는 술집 음악 소리를 뚫고 이야기를 건네면서 그녀의 목에 기댔다.

그녀가 늘 뿌리는 향수인 디오르 쁘아종이 내 코끝을 타고 올라왔다. 나는 술에 약간 취해 있었다. 그녀의 얼굴에는 미소가 떠올랐고, 그 미소로 인해 눈가에 잔주름이 어떻게 잡혔는지 보조개는 어떻게 깊어졌으며 고개는 어떻게 뒤로 젖혔는지 기억난다. 나는 느닷없이 그녀에게 고백해버렸다. 내 성 정체성에 의문을 가지게 한다고.

그녀의 반응을 기다리는 동안 나는 숨이 멎을 것만 같았다. 그녀가 놀라서 표정을 찡그리자 나는 이 술집에서 뛰쳐나가 다른 곳으로 도망가버리고 싶었다. 이내 그녀의 표정이 부드러워지더니 살짝 웃으면서 자기 손을 내 허벅지 안쪽에 갖다 댔다. 그다음으로 기억나는 건, 우리는 바깥에 있었고 나는 그녀의 뒤를 쫓아 파크 애비뉴를 달리고 있었다는 것이다. 그녀는 맨발에 자신의 굽 높은 샌들을 손에 쥐고 여학생처럼 깔깔대며 웃었다. 자기 동료들에게 술값 영수증을 떠넘기고 도망 나온 것이었다.

우리는 길모퉁이에서 얼굴과 얼굴, 몸과 몸을 맞대고 섰다. 차들이 우레와 같은 소리를 내며 지나갔지만 마치 이 세상에 우리 둘만 존재하는 것처럼 느껴졌다. 그녀는 내 손을 잡더니 나를 좋아한다고 말했다. 그리고 내가 자기와 함께 집에 가기를 원했다. 그녀의 손은 차가웠고 내 손보다 작았다. 나는 분명히 하고 싶었다.

"나를 여동생처럼 좋아하는 건가요?"

"아니."

"친구처럼요?"

"아니야."

우리는 꽤나 오랜 시간 동안 침묵을 지켰다. 그녀는 내 눈을 들여다봤고, 나 역시 눈길을 피하지 않고 그녀의 눈을 들여다봤다. 훈훈한 바람이 그녀의 머리를 헝클어뜨렸다. 언제까지나 밖에 머물고 싶어지는 그런 여름밤이었다.

시간을 멈추고 싶었다. 내가 누군가를 미칠 듯이 사랑하고 있으며 그 사람 역시 어쩌면, 아마도, 바라건대 나를 사랑한다는 것을 깨닫는 순간만큼 기분 좋은 일이 없기 때문이리라.

Part 4

바쁘게 산다고 문제가 해결돼?

당신 내면으로 향하는
그 기나긴 여정을 언제 시작할 것인가?

－루미Rumi, 13세기 신비주의 시인

신의 땅

뭄바이에서 한 달이 지난 후 나는 강해진 느낌이었다. 끊임없이 바쁘게 지낸다고 해서 인생이 충만해지는 것은 아니었다. 나는 거의 뒤로 나가떨어질 정도까지 내 커리어에서 적극적으로 물러섰다. 요가의 아치자세처럼, 나 자신을 향해 둥글게 몸을 마는 셈이었다. 나는 외부적인 성취에 대한 갈망을 잃어버렸고 그 자리에 좀 더 근본적인 것들로 채워나갔다. 바로 '심오하고도 소란한 지혜'였다.

이 내면을 향한 여정, 은밀하고도 소리 없고 보이지 않는 혁명은 이를 행하는 사람을 제외하고는 그 누구도 신경 쓰지 않았다. 이상하게도 나는 바깥세상으로부터 도망치게 될까 봐 걱정하면서도 내 안으로 은둔한다는 생각을 기꺼이 받아들였다. 우리는 누구나 덜 사회적으로 느껴지는(내향성이 강해지는) 시기를 지나친다. 나는 그 시기에 나 자신에게 적극적으로 달려들고 있었다.

이 결정이 어떠한 결과를 낳을지 알 수 없었지만 내가 강렬하게 원했기에 궁극적으로는 후회하지 않는다고 믿었다. 또한 올바른 길로 가고 있다면 세상이 공모해서 내가 임무를 완수하기 위해 필요한 것들을 제공해주거나 가야 할 곳으로 인도해준다는 어렴풋한 믿음을 간직하고 있었다. 내 원거리 근무가 가능해진 것이 그 증거다. 물론 직장에서 예상치 못한 행정적 문제가 한 달에 한 번씩 끼어들면서 이 우쭐한 확신을 약화시키긴 했지만 말이다.

나는 현재의 수입에만 의존해 살고 있었고 언제든지 이 순조로운 원거리 근무 시나리오가 틀어져버려 본부로 다시 불려 들어가거나 잘릴 수도 있었다. 나는 비정한 운명에 처했음을 깨닫고 멍해져버렸다. 점차 피해망상에 빠지면서 아주 위태위태한 자아의 웅얼거림을 듣게 됐다.

'어쩌면 회사에서 나를 해고하려는 것 같아.'

'어쩌면 나보다 더 능력 있는 사람이 입사했을지도 몰라.'

"자기를 해고하려는 게 아니야. 날 믿어. 요가수련을 가든지 아니면 네가 좋아하는 헛짓거리들을 해보는 건 어때?" 매즈는 계약 기간에 잠시 공백이 생긴 것일 뿐이라고 말했다. 나는 실망을 가장한 채 재빨리 케랄라로 가는 가장 싼 표를 예약했다. 케랄라는 인도인들이 '신의 땅'이라고 부르는 인도 남부에 있는 곳이다. 내가 케랄라를 갔다가 돌아올 무렵에는 어마어마한 양의 일이 나를 기다릴 것이었다.

농장들이 즐비한 케랄라는 아유르베다의 심장과도 같다. 아유르베다는 적어도 5,000년 동안 인도에서 실천되어온 세련된 건강관리법이며 산스크리트어로, '지혜' 또는 '생명과학'이라고 번역된다. 힌두교에서 가장 오래된 경전인 《베다》의 초기에 기초하고 있는 아유르베다는 인도 문화에 내재된 삶의 방식으로 과학과 종교, 철학을 구성한다. 나는 아유르베다를 전혀 모르지는 않았지만 전문가도 아니었다. 한편으로는 인도-아리아계 뿌리를 탐색해보고 또 한편으로는 소소한 디톡스를 위해 이를 깊이 공부해보기로 했다. 최근 몇 년간 자연요법과 자가 치유제로 식물을 사용하는 등 소위 대안적 건강법이 전 세계적으로 관심을 끌면서 많은 사람을 매혹시키고 있었다.

아유르베다의 근본적인 강령인 '전체성으로의 회귀Returning to wholeness'는 향후 몇 달간의 내 목표에 부합했다. 나는 치열한 경쟁 속에서 잃어버린 자아의 조각들을 찾고 있었으며, 이는 내면화된 여성성과 창조성, 고요함에 기댈 때 연결될 수 있었다. 나는 총체적인 웰빙이 단순히 육체적인 건강에서 오는 것이 아니라 정신적인 건강에서 온다고 생각했다. 명상과 알아차림 같은 수련을 통해 나를 구성하는 다양한 부분에 충분한 관심을 기울이지 않는다면 나는 제대로 작동하지 못할 것이었다. 그러려면 내가 무엇을 먹고 무슨 생각을 하는지 자각해야 했고, 내가 시간을 어떻게 보낼 것이며 어떤 속도로 살아갈 것인지에 대해 결정해야 했다.

아유르베다는 내가 스스로에게 활기를 불어넣을 수 있는 힘을 주었다. 내 몸의 실질적인 생명작용에 관심을 기울이면서 내 몸을 집중적으로 돌보게 해주었다. 또한 아유르베다의 관점에서 느리게 사는 행위는 근본적으로 노화를 방지해 건강함의 토대를 만들어주기도 한다.

여기에는 체계적인 식생활도 더해진다.

따라서 아유르베다를 추구한다는 것은 우리의 체질이 어떻게 균형을 이루는지, 만약 균형을 잃었을 때 어떻게 해야 하는지에 접근하는 것과 같다. 적어도 나 자신을 포함해 내가 아는 많은 사람은 대부분의 시간 동안 불균형한 상태로 살아간다. 식습관, 라이프스타일에 관련된 선택들, 인간관계, 심지어 직업까지도 몸 안에서 정서적·육체적 불균형을 만들면서 병에 걸리기 쉽게 만든다.

아유르베다식 라이프스타일을 따르는 것이 처음에는 부담스러울 수 있다. 수련을 통해 직관력을 가지게 된다고도 하나 나는 그 단계에 다다르려면 멀었다. 인도에 가기로 결정하기 전에 나는 안잘리 박사에게 복잡한 아유르베다의 세계를 항해할 수 있도록 자문을 구했다. 그녀는 어쩌다 보니 월스트리트에 자리 잡게 된 한 수행자였다.

"살면서 피해야 할 게 있다면 서두르고 걱정하고 커리를 먹는 거예요." 푸근한 예순 몇의 인도 여성이 내게 해준 조언이었다. 나는 그녀가 자기 사무실에서 나와 실제로 도시를 돌아다녀본 적이 있기나 한지 궁금해졌다. 안잘리 박사를 처음 만났을 때 내가 진실한 의도를 가졌던 것만큼, A4용지 18장으로 구성된 그녀의 상세한 라이프스타일 계획과 식단은 비현실적으로 느껴졌다. 물론 나도 침실에 싱싱한 꽃을 늘 꽂아둔다든지 내 핸드백에 진주와 문스톤 몇 알을 던져놓을 수는 있었다. 이런 건 쉽게 할 수 있었으니까.

나 자신을 비판하고 비난하는 것을 삼가는 방법도 처방받았지만, 쉽지 않은 일이었다. 설상가상으로 도전적인 처방도 있었다. 가능할 때마다 저수지와 폭포에서 시간을 보내고, 한낮에 낮잠을 충분히 자며, 오후에 즐거운 산책을 길게 나가라는 것이었다. 매일 아침에 치러야 할 의식은 듣기만 해도 침대로 다시 기어들어가 이불을 뒤집어쓰고 싶게 했다.

"잠에서 깨면 몇 분간 침대에 누워 당신의 몸이 어떻게 느끼는지, 새로운 하루에 대한 당신의 태도가 어떠한지 알아차려보세요. 우주의 탄생 속에서 당신의 역할에 대해 생각해보세요. 당신 자신과 다른 모든 생명체에게 다정하고 애정 어린 생각에서 하루를 시작해보세요. 이러한 알아차림의 태도를 일상생활에 적용하도록 노력하세요."

그녀는 이렇게 조언하면서 내가 아침식사를 먹기 전에 해야 할 일들을 추가로 알려주었다.

"차가운 장미수로 눈을 닦고는 부드럽게 문지르며 눈꺼풀을 마사지하세요. 눈을 7번 깜빡인 후 눈을 모든 방향으로 굴려보세요. 왼쪽에서 오른쪽으로, 위에서 아래로, 대각선으로, 시계방향으로, 그리고 반시계방향으로 굴립니다. 따뜻한 코코넛오일을 100~150그램 정도 덜어서 머리와 몸 전체에 문질러주세요. 코코넛오일로 부드럽게 두피를 마사지하면 당신의 하루에 행복이 찾아올 뿐 아니라 두통을 예방해주고 머리카락이 빠지거나 허옇게 쇠는 속도를 늦춰줍니다. 설태 제거기를 사용해 혀를 닦아주세요. 따뜻한 코코넛오일로 2번 가글한 뒤 오일을 잠시 입에 머금고 있다가 강하게 우물거린 후 뱉어내세요. 이는 이와 잇몸, 턱을 강하게 만들어주고 목소리를 더 좋게 해주며 볼 주름을 제거해줍니다."

안잘리 박사는 자기 고객에게 이렇게 말도 안 되는 주문을 했다. 나는 이 정교한 일출 전 의식을 따를 정도로 아픈 상태는 아니라고 자체 판단했다. 그러나 도시의 부산함에서 한 발 떨어지면서, 그리고 남자와 관련한 내 나름의 시간표를 정리하고 늘 비슷비슷하게 이어지는 나른한 하루에서 멀어지면서 박사의 조언이 터무니없지 않다는 생각이 들었다. 뉴욕을 떠난 후 좀 더 탄력적으로 시간을 쓰게 되자 나는 이 단계를 모두 밟으며 하루를 즐겁게 시작했다.

이 의식들은 주변 환경에서 내가 육체적으로 어떻게 느끼는지, 그리고 정서적으로 어떻게 느끼는지 거의 모든 것에 대한 내 알아차림을 강화시켜주었다. 내가 좋은 하루를 보내도록 '선택'하면서 하루의 분위기를 만들어가는 데 도움이 되었다. 또한 나 자신에게 친밀감을 가지고 하루를 시작할 수 있었다. 마치 내가 이 세상에 깨어 있는 단 한 사람처럼 느끼면서 잠에서 깨어났고, 이 과정이 점차 익숙해지자 내 안의 모든 것이 깨어나는 것처럼 느껴졌다.

진저트리

안잘리 박사에게 인도 여행 이야기를 꺼내자, 그녀는 케랄라에 있는 아유르베다의 아쉬람들을 추천해줬다. 바퀴가 금방이라도 퍼질 듯한 택시를 타고 에어컨에서 나오는 먼지바람을 맞으며 몇 시간을 달린 끝에 나는 바르칼라에 있는 진저트리 아쉬람에 도착했다. 바르칼라는 티루바남타푸람이라는, 발음도 제대로 하기 어려운 케랄라 주의 북쪽에 있는 작은 바닷가마을이다. 마을에 들어서자 판차카르마pancharkarma라는 표시가 사방에 있었다.

아유르베다의 대표적인 치료법인 판차카르마는 '5가지 행위'라는 의미인데, 여기에는 오일 마사지, 스킨 브러싱, 약초 관장과 같이 5가지 개별적인 요법을 통해 몸을 해독하고 면역체계를 강화하는 것이 포함된다. 내 몸을 맡길 치료법이 바로 판차카르마였다. 주변을 둘러보니 땀으로 끈적해 보이는 서양인 몇몇이 습해서 축 늘어져 있기도 하고, 눈이 부실 정도로 초록빛을 띄는 풀과 나무들이 우거진 사이로 들어가기도 했다. 그러다 이 아쉬람의 의사인 조시 박사를 만났는데, 그는 내 눈을 자세히 들여다보았다.

박사는 온화한 분위기를 풍기는 남자로 영어를 잘했다. 그는 내게 신체 질병이 있냐고 물었고 나는 "그냥 피곤하기만 해요."라고 대답했다. 내가 아는 사람들은 누구나 피곤했다. 그건 그냥 정상적인 인간의 상태가 아니던가. 조시 박사가 내게 얼마나 오랫동안 피로를 느껴왔냐고 물었고 나는 몇 년쯤 된 거 같다고 답했다. 그는 눈도 깜빡이지 않고 나를 뚫어져라 보더니 공책 위에 뭔가를 열렬히 끼적였다.

짧은 대화를 나눈 후 그는 원시시대에서 온 것 같은 체중계로 내 몸무게를 재더니 맞춤형 아유르베다식 식단을 처방했다. 나는 내 몸에 집중하면서 안정을 되찾았다. 내 몸은 날씨, 사람, 죽음, 전쟁, 행성처럼 내가 전혀 권한을 가지고 있지 않은(내 바깥에서 일어나는) 일 대신 내가 실제로 제어할 수 있는 대상이다. 사랑 역시 아무런 통제도 할 수 없는 대상이다. 사랑은 우리가 평정을 잃지 않기를 바랄 때 기어코 우리를 굴복시킨다.

진저트리에는 몸에 좋은 것만 있었다. 신선한 파파야와 석류 알갱이 한 그릇, 코코넛이 들어간 야채 커리, 얇게 저민 양배추와 당근, 빨간 양파로 만들어진 매콤한 샐러드, 잘 저민 코코넛과 바나나, 카다멈 씨앗이 들어간 따끈한 죽, 커민과 겨자씨를 발라 구운 콜리플라워, 영양 만점의 야채수프, 그리고 이들리(난과 금빛 렌틸 콩으로 만든 남인도의 대표음식)도 있었다. 키처리kitchari도 많이 먹었는데, 이는 간 녹두와 쌀로 만들어진 아유르베다의 주식이다. 키처리 클렌즈Ktichari Cleanse라고 알려진 단식수련에도 쓰이는데, 디톡스 효과가 훌륭하다.

수풀이 우거진 정원에서 이 친절하고 자애로운 치료사가 돌봐주는 것은 딱 내 취향에 맞아 떨어졌다. 그는 고대 베다의 신비한 지식을 지키는 수호자 같았고 나는 그 지식들을 일기장에 적었다. 그의 조언을 따를 것인지 여부에 대해서는 시시각각 생각이 바뀌었지만 내 마음 한 구석에서 '속도를 늦춰. 진정하라고.'라고 속삭이는 말에 따르며 노력하려고 했다. 나는 나 자신을 잘 돌봄으로써 카밀라가 '우주와 타협하기'라고 부르는 행동을 하고 있던 셈이다.

진저트리에서 유익한 것들을 배우기도 했다. 예를 들어 조시 박사에 의하면 나는 평생 잘못된 방식으로 물을 마시고 있었다. 물론 만성적인 탈수는 피곤함의 주요한 원인이다. 아유르베다는 미지근하거나 실온 정도의 물을 한 모금씩 마셔서 몸이 물을 천천히 흡수하게 하라고 가르친다. 얼음처럼 차가운 물을 벌컥벌컥 마시는 것은 산스크리트어로 '아그니agni'라고 하는, 몸 한가운데에 있는 소화를 촉진하는 불을 꺼버린다.

아그니는 우주의 활활 타는 불에 비유되며, 계속 타오르려면 균형이 필요하다. 불꽃이 꺼지거나 온도가 너무 낮으면 음식은 조리되지 않는다. 그리고 너무 뜨겁게 달아올랐다가는 음식이 새까맣게 타버릴 수 있다. 전통적인 중국의학은 아유르베다와 상당히 유사한 점이 많은데, 여기서도 차가운 물을 마시지 말라고 권한다.

"물을 천천히 마실 시간과 절제력을 가진 사람이 있다고?"

나는 물을 홀짝거리며 마시라는 얘기를 듣고 즉각적으로 반응했다. 듣다 보니 내 물병까지 잘못이었다. 유리여서도 안 되고, 플라스틱이어서도 안 됐다. 아유르베다는 물을 담을 때 구리 병을 쓰라고 추천한다. 구리병은 항박테리아, 항균, 항바이러스, 항염증 등 다양한 '항.' 작용을 하기 때문이다. 또한 노화를 방지하고 피부에서 광이 나게 하며 암을 예방한다는 증거도 있다. 당장 동네 가게로 가서 구리로 된 보온병을 찾아냈다.

나는 내 몸에 대해서 순응했다. 나는 천천히 몸을 보양함으로써 결국은 내 몸과 관련해 직접적으로 결정하고, 타고난 본능에 의지할 수 있으며, 몸의 지혜에 접촉하게 되기를 바랐다. 변덕스러운 마음에 끌려 다니는 것은 그만두고 싶었다. 그동안 내 마음은 진심으로 나를 위하지 않았고, 그저 주변의 관심을 갈구하는 데만 전적으로 집중하고 있었으니까. 술을 마시지 않자 나는 점점 더 내 몸과 연결된다고 느꼈다. 금주해야 할 이유들이 늘어났다.

아쉬람에서의 식사는 정글에 둘러싸여 혼자 먹도록 되어 있었다. 아유르베다의 식사법인 우파요가 삼스타Upayoga Samstha의 원칙을 따라야 한다. 너무 뜨겁거나 너무 차가운 음식이 아니라 소화에 도움이 되는 따뜻한 음식을 먹었다. 또한 차분하고 조용한 분위기에서 매일 같은 시간에 식사를 했다. 식사하기 30분 전에 미지근한 물을 마셨고 그 사이에는 아무것도 먹지 않았다. 그리고 은식기 대신 손으로 밥을 먹었다.

손으로 밥을 먹는 것은 놀라운 효과를 지닌다. 우선, 내가 먹는 것에 주의를 기울이게 된다. 그리고 아무 맛도 느끼지 못한 채 빛의 속도로 한꺼번에 모든 음식을 입 속에 털어넣는 것을 자제하게 된다. 또한 가장 흥미로운 방식으로 소화를 촉진시킨다. 연구에 따르면 손가락 끝에 있는 신경말단은 음식의 질감과 온도를 느끼자마자 소화액과 효소를 분비하도록 몸에 지시를 내린다.

아쉬람에서 나는 기본적인 아유르베다 음식소비 원칙을 준수하도록 노력했다. 즉 두 손을 컵 모양으로 가지런히 모아서 2컵 정도 양의 음식을 먹음으로써 배의 50퍼센트만 채우고, 25퍼센트는 물로 채우며, 나머지 25퍼센트는 소화작용을 위해 비워두는 것이다. 내가 내 몸에 음식을 공급하고 있음이 느껴졌다. 뉴욕의 자그마한 사무실에서 랩 샌드위치를 게걸스레 먹어치우던 느낌과는 달랐다

내 인생에서 내 몸이 최고의 기능을 할 수 있도록 공급하는 물질에 초점을 맞추는 것은 가치 있게 느껴졌다. 어떤 면에서는 완전히 치료적이기도 했다. 나는 무엇인가에 전념하는 이 행위가 좋았고 중심에서 시작해 바깥쪽으로, 좀 더 압도적인 대상을 향해 내 길을 개척해나가는 데서 느껴지는 주도권이 좋았다. 아마도 나는 세상을 바로잡을 수는 없겠지만 나 자신만큼은 고칠 수 있었다.

언젠가 나는 모든 사람이 세상을 바꾸길 원하지만 그 누구도 바꿔

길 원치 않는다는 글을 보았다. 내부에서부터, 세포 단위에서부터 시작하는 것보다 더 나은 변화의 방식이 뭐가 있을까? 미시적으로 시작해 거시적으로 움직이면 되는 것이다. 나는 몇 년간 그 반대로 해왔다. 나는 세상을 표면적으로 도우려 노력했다. 재난이 지나간 후 정상으로 되돌리려는 미봉책 업무들을 맡아왔다. 그러나 내가 우선적으로 할 일은 내 안으로 향하는 것이었다.

물론 이 모든 것이 제멋대로인 것처럼 느껴질 수도 있지만, 이는 자기보존을 위한 일이다. 내가 나 자신을 돌보지 않으면 그 누가 하겠는가? 새도 리더 때문에 억지로 마주하게 됐던 미래처럼 내가 나이 들어서 결국 혼자가 되어버리면, 나는 누가 돌봐줄 것이며 어디에 남게 될 것인가?

나는 무엇인가에 전념하는 행위가 좋았고,
중심에서 시작해 바깥쪽으로, 좀 더 압도적인 대상을 향해
내 길을 개척해나가는 데서 느껴지는 주도권이 좋았다.

아마도 나는 세상을 바로잡을 수는 없겠지만
나 자신만큼은 고칠 수 있었다.

정자 기증

"이건 얼마예요?"

나는 면으로 된 튜닉 한 벌을 들고선 가격을 깎아보려고 강한 표정을 지어 보였다. 순간적으로 나는 쇼핑하는 내가 싫어졌다. 세련된 미니멀리즘을 실천하기로 마음먹었기 때문이었다. '어쨌든 지역경제를 활성화시키고 있는 거잖아.' 재빨리 내면을 정비하고는 그 미움을 자기자비로 바꾸었다.

"물건 몇 개를 더 사요. 그럼 더 싼 값에 줄게요."

작은 가게의 소녀가 말했다. 거무스름한 피부를 더 돋보이게 만드는 연노란색 사리를 입은 소녀였다. 내가 위에 걸린 상의들을 손가락으로 가리키는 동안 그녀가 내 뒤에 바짝 붙었다.

"마담, 너무 예쁘세요. 결혼했어요?"

나는 지난 15년간 어딜 가도 그런 질문으로 공격받아왔지만, 이번만큼은 깜짝 놀랐다. 나는 순간을 살면서 새들과 어울리고, 이메일도 보지 않았고, 미래에 대해 걱정하지 않으려 애썼다. 그리고 결혼과 관습의 틀을 거부하고, 에어컨이나 커피, 매운 음식같이 편리하고 자극적인 것으로 가득한 삶을 버렸다. 이곳은 나에 대해 아무것도 묻지 않는 상당히 멋진 곳이었다. 내 영혼에 가까이 귀를 대고 사느라 결혼했는지 묻는 질문이 새삼 낯설게 느껴졌다.

"아니요, 결혼 안 했어요."

내가 노란 사리를 입은 여자에게 말했다. 내 나이를 들은 그녀의 눈이 휘둥그레졌고 우리는 대화를 시작했다. 온몸의 피가 말라버릴 것 같은 더위 때문에 나는 가게 안쪽으로 들어와 앉으라는 초대를 수락했다. 거기서 우리는 친근하게 주거니 받거니 가격 흥정을 하기로 했다.

가게 점원의 이름은 시타였다. 인도에서 가장 유명한 서사시인 '라마야나 Ramayana'에 등장하는 힌두신 라마의 부인 이름을 딴 것이었다. 시타는 17살에 결혼해 22살에 이미 두 아이의 엄마가 됐다. 그중 한 명은 가게 주변을 콩콩거리며 뛰어다니고 있었고, 다른 2살짜리 아이는 내 지갑을 뒤져 종이돈을 몽땅 끄집어내고 있었다. 그녀는 팔로 아이를 안아 들고는 품에 꼭 껴안고 조용히 흔들었다.

내 가슴 한편이 아려왔다. 내가 30대에 접어들면서 눈여겨보게 된 장면이었기 때문이다. 엄마와 아이가 함께 있는 모습을 볼 때마다 나는 지독한 신물이 올라오듯 걱정과 불안감을 동시에 느꼈다. 나는 아이를 가진다는 것(정자 기증을 받을 것인지, 입양할 것인지, 또는 이 모든 과정을 건너뛸 것인지)을 두고 괴로워하고 있었다. 결정을 내려야 했지만 이를 계속 미뤄두었다. 내 마음을 읽기라도 한 듯 시타는 내게 아이를 원하느냐고 물었고, 그렇다고 대답했다. 적어도 그렇다고 생각했다. 그리고 남자 없이 아이를 갖는 것을 염두에 두고 있지만 아직 확신이 없다고도 했다. 그녀의 눈이 다시 한 번 커졌다. "어떻게 그럴 수가 있어요?"

나는 정자은행과 정자 기증자의 개념을 설명했다. 이를 진짜 선택지로 여기기에는 나 역시도 약간 거부감이 있었기 때문에 애매하게만 알고 있었을 뿐이다. 그러나 시타는 내가 무심코 내뱉은 정자 기증의 개념을 이해하려 애쓰는 와중에도 실용적으로 접근하고 있었다.

"그러니까 의사들이 당신의 뱃속에 정자를 넣는다고요?"

시타가 나를 다시 대화 속으로 끌어들이며 낄낄댔다.

"뭐, 정확히 얘기하자면 뱃속은 아니에요. 터키 베이스터라고 알아요?"

"새 말이에요?"

"아, 아니에요. 베이스터요. 칠면조를 요리하기 전에 고기를 촉촉하게 만들 때 쓰는 스포이드 모양의 요리기구요."

나 역시 한 번도 사용해보지 않았기 때문에 그게 어떻게 작동하는지 잘 몰랐지만, 분출의 기능을 한다는 것은 알고 있었다.

"하지만 그러면 더 어려워지잖아요. 아이를 갖고 싶다면 남편을 얻는 게 더 쉬워요."

나는 차라리 연애를 하지 않는 것이 썩 좋지 않은 연애를 억지로 하는 것보다 낫다고 믿어왔다. 나를 반쯤 미치게 하는 사람, 또는 수정란을 공유했다는 이유로 죽을 때까지 함께해야만 하는 사람과 엮이느니 혼자인 게 더 낫다. 또한 많은 사회학자가 인간의 본성에 위배된다고 설득력 있게 주장하고 있는 일부일처제의 틀에 나를 억지로 끼워 맞추기보다 사랑하는 친구들이나 재밌는 애인들을 사귀며 독신으로 사는 것이 더 건강하다고 믿었다. 나는 시타에게 말했다.

"저는 평생을 함께할 만큼 충분히 좋아하는 사람을 아직 못 만났어요." 실은 오래도록 함께하고 싶은 사람을 만나기가 어려울 수 있다고 덧붙이고 싶었다. 나는 운명의 손길이 살짝 닿은 '타이밍'과 '준비성'과 '개방성'이 따라야 한다고 생각하며, 최고의 짝은 온전한 사람 둘이 합쳐지는 것이라고 말하고 싶었다. 또한 그들은 자기 자신과 이어져 있으며, 그래야 서로에게 완전히 이어질 수 있다.

이 모든 것이 균형 잡기의 문제이며, 누군가와 인연을 맺는다는 것은 엄청난 인내력과 타협하겠다는 의지가 필요한 일이라고도 말해주고 싶었다. 어느 때고 모두 무너져버릴 수 있고, 나는 그러한 두려움이 두렵다고 말해주고 싶었다. 나는 그녀에게 가끔 싱글로 사는 것이야말로 더 쉽고, 더 흥미로운 일이라고 생각한다고 말하고 싶었지만 그 어떤 말도 하지 않았다. 대신 나는 말했다.

"사랑할 사람을 찾는 건 어려워요."

"누군가를 사랑할 때, 그 사람을 통해 당신 자신을 사랑하는 거예요." 그녀는 자기 아들의 다리를 부드럽게 잡아당기며 말했다. "사랑은 그저 좋을 수밖에 없어요." 그녀는 아주 단순하게 말했다. 그런가? 반려자가 있다는 것은 분명 아이 문제를 쉽게 해결해줄 것이다. 그렇기 때문에 자위행위로는 임신할 수 없는 것이리라. 하지만 나는 왜 누군 가를 선택하지 않았던 것일까?

내 유럽 친구들은 결혼은 건너뛰고 종교적 승인 없이 아이를 키우고 자신의 파트너들과 인생을 만들어가는 경우가 많았다. 많은 국가에서 영원한 결혼이라는 개념은 점차 구식이 되어가고 있다. 프랑스에서 결혼률은 30퍼센트 미만으로 급락하고 있다. 반면에 인구와 출산율은 증가하고 있다. 이탈리아 국립통계연구소에 따르면 결혼률이 감소하는 추세는 1972년에 이미 시작됐다.

결혼하지 않거나 늦게 결혼한 미국 여성들의 역사를 추적한 《싱글 레이디스》의 저자인 레베카 트라이스터Rebecca Traister에 따르면, 30살 이하의 여성들이 결혼할 가능성은 이제 "경악스러울 정도로 낮다."고 한다. 나는 우리가 왜 정부에게 법적 계약을 통해 우리의 사랑을 승인하거나 확인해주는 업무를 하도록 허용했는지 늘 의문을 가진다. 물론 여기에는 세금혜택이나 의료보장처럼 실용적인 이유가 따르긴 하지만, 미국에서만 이혼율이 40~50퍼센트에 달하는 상황에서 부부가 이혼하지 않기로 결정하는 현실적인 이유 중 하나는 이혼에 드는 비용이 너무 비싸기 때문이다.[1]

나는 결혼에 반대하지는 않는다. 결혼은 아주 놀라울 정도로 숭고한 장기적인 파트너십이 될 수도 있다. 우리 부모님 사이에서 이를 보았기 때문이다. 심지어 핵가족 모델에도 반대하지 않는다. 나는 그러한 모델에서 나온 행복한 결과물이기 때문이다. 물론 확대가족이나 공동체의 일부가 되는 것이(경제적인 측면은 차치하고서라도) 인간에게 더 나은 것인지 궁금하긴 했다. 내가 진심으로 반대하는 것은 계속적으로 여성들의 선택과 자부심에 영향을 미치는 결혼에의 '압력'이었다. 또한 인도 같은 특정 문화에서는 이혼의 낙인이 찍히지 않기 위해 결혼을 기어코 유지해야 했다.

나는 시타에게 남편이 좋은 사람이냐고 물었다.

"괜찮아요."

그녀는 시선을 아래로 숙이며 대답했다.

"지금은 더 좋아졌어요."

나는 캐묻지 않았다. 그녀는 어설프게 웃더니 주제를 바꿨다.

"나는 여행해본 적이 없어요. 고아 해변에 가봤어요?"

"가봤어요."

나는 약간의 죄책감을 느끼며 대답했다.

"운이 좋네요. 저도 가보고 싶어요."

그녀가 두 눈을 반짝이며 말했다. 나는 그녀가 절대 고아에 갈 일이 없음을 알았다. 갑작스레 내 자유도 그리 나빠 보이지 않았다.

관계 기피자

/

오랫동안 혼자 지내다 보면 혼자가 더 편해진다. 특히나 나이가 들수록 더욱 그렇다. 틀림없이 나는 까다로운 사람이었고 그것 때문에 영원히 비난받겠지만, 가끔 내가 순전히 싱글인 것을 엄마를 탓하곤 했다. 내가 만나는 남자의 수준에 대한 그녀의 높은 기대 탓이었다. 테니스계의 왕자 페더러처럼 말이다.

언젠가 나는 한 변호사와 카페에서 데이트한 후 엄마에게 전화를 걸었다. 그 남자는 전 세계를 여행했고, 생각이 깊어 보였으며, 자기 말에 따르면 〈뉴요커〉 지를 읽는다고 했다. 그러나 나는 그가 아메리카노를 한 모금 마실 때마다 두 눈을 감는다는 사실이 괴로웠다. 커피잔을 들어 입술에 대고, 그다음에는 눈을 감았다. 누이면 눈을 감고 세우면 눈을 뜨는 장난감 인형 같았다.

그가 커피잔을 드는 도중에 내가 질문을 하면, 그는 내 질문에 답하는 동안 잔을 테이블 위에 내려놓았다. 2가지 일을 한 번에 못하는 남자인가? 남자들이 멀티태스킹에 약하다는 것을 알고 있었지만 이것은 나에게 잠재적인 관계 파토 요인이었다. 나는 그가 고형의 음식을 먹는 모습을 보게 되는 때가 두려워졌다.

"아마도 커피를 음미하고 있었겠지."

엄마가 한마디했다.

"엄마 말이 맞아요. 내가 너무 까칠한 거 같아요."

내가 동의하며 말했다.

"어디 사니?"

그녀가 물었다.

"퀸스요."

"그만둬라."

엄마는 가끔 특이하고 성급한 방식으로 나를 몰아가서, 내가 엄마의 분별력을 의심하게 했다. 엄마는 내게 티파니 보석상 안에서 배회해보라고 조언하기도 했다. 엄마의 상상 속에서 티파니는 내가 만나길 바라는 '종류의 남자들'이 나를 만나려고 기다리며 서성이는 곳이었다. 나는 엄마의 조언을 한 번도 귀담아 들은 적이 없었지만 때론 엄마에게 나의 연애가 좋은 오락인가 싶기도 했다.

만약 '영혼의 짝'이라고 부를 누군가를 만나게 된다면 나는 이를 거부할 수 없을 것이다. 한 번은 내 친구의 결혼식에 갔다가 신부가 신랑인 내 친구를 보는 그 표정에 마음을 빼앗겼다. 신부의 얼굴에 즐거움과 사랑이 넘쳐났다. 그녀는 꿈에 그리던 이상형, 온 마음을 다해 사랑할 수 있는 사람을 만난 데 감동했다는 듯 울었다. 나는 '저게 내가 원하는 거야.'라고 생각했다. 그런 사랑이 세상에 존재하는 것을 알고 있기에 그보다 못한 것에 만족할 수 없었다. 그러나 나는 그보다 못한 사랑을 상상할 수 없으면서도 남자들에게 그런 식으로 취약해질 준비가 되어 있지 않은 것 같았다. 특히나 내가 최근 몇 년간 만났던 사람들과는 더욱 그랬다. 딱 한 번 지난 3년 동안 사랑에 푹 빠졌던 적이 있었지만 결국은 실패하고 말았다.

나는 직장도 한 군데에 오래도록 다니지 못했다. 한 곳에 머물며 내 출근카드에 도장을 찍고, 즐거운 마음으로 또 약간은 의기양양하며 내 은퇴 자금이 쌓이는 것을 지켜보는 사람은 못 됐다. 사랑에서도 마찬가지였다. 나는 좌충우돌형이었고, 수집가였고, 경험 채집가였다. 나는 단 하나가 아니라 여러 가지를 맛보고 싶었다. 여러 가지 와인을 시음해보는 것과 똑같이 나는 인생을 시음해보고 싶었다. 나는 남몰래 나 혼자만의 자유에 중독되어 있었고, 앞으로 무슨 일이 벌어질지 모르고 산다는 것에 흠뻑 빠져들어 있었다. 나 자신이 '관계 기피자'였기 때문이었다.

나는 누군가를 받아들이기에
내 외로움에 너무 익숙해져버렸다.
사람들을 받아들이고 약점을 보여주는 것은
무서운 일이다.

누군가에게 완전히 마음을 여는 일은
그 누구도 나를
완벽히 파악하지 못하게 하는 것보다 어렵다.

Part 5

"단단한 사람이 되고 싶어."

사람의 용기에 비례해
삶은 넓어지거나 줄어든다.

−아나이스 닌Anais Nin, 소설가

/

이별

/

그 후끈했던 여름밤 J는 마티니를 여러 잔 마신 뒤 침대에서 곯아떨어지고 말았다. 나는 숨을 내쉬는 그녀의 몸과 베개 위로 부드럽게 흐트러진 머리카락을 내려다보았다. 가슴을 쿡 찔린 것만 같았다. 그날 밤 나는 한밤중에 슬쩍 빠져나왔다. J가 정신을 차리고 잠에서 깼을 때, 나를 보고 겁에 질릴 경우에 대비해서였다. 떠나기 전에 내 팔찌를 끌러 그녀의 팔목에 채웠다. 그녀가 예쁘다고 감탄했던 팔찌는 나보다 그녀에게 더 잘 어울렸다. 나는 나의 일부, 이 밤의 일부를 그녀에게 남겨두고 싶었다. 다음에 우리가 만났을 때 이 밤을 모른 척할까 두려웠으므로 팔찌는 그 징표였다.

J와 나는 빙 둘러서 안전한 곳으로 돌아올 수도 있었다. 남자와 여자의 세계로 말이다(그런데 그게 안전하던가?). "아, 내가 좀 취했었지. 필름이 완전히 끊겼네!" 그녀가 이렇게 말하면 나는 말할 수도 있었다. "무슨 일이 벌어졌는지, 아니면 내 팔찌가 왜 당신 아파트에서 나왔는지 아예 모르고 있었어요!" 우리가 공모한 바를 도랑으로 흘려 보내버릴 수도 있었다.

대신 나는 그녀에게 줄 트러플 초콜릿을 도어맨에게 맡겼다. 아무런 메모도 없이, 금박지로 포장되어 있는 초콜릿이었다. 이건 초대였다. 내가 세상에서 가장 손에 넣기 힘든 여자를 내 인생에 초대했지만 나는 당시에 중요한 사실을 몰랐다. 그녀가 남편에 대한 배신감으로 깊은 슬픔에 빠져 있었다는 것을 말이다. 우리는 둘 다 서로 이해할 수 없는 유형의 상실로 슬퍼하고 있었다. 그녀는 아버지를 잃어보지 못했고 나는 남편을 잃어보지 못했으니까.

나는 그녀를 알기도 전부터 그녀를 사랑한 것 같았다. 어떤 면에서는 그녀가 되고 싶었다. 그리고 나는 첫눈에 그녀의 딸들에게 반해 버렸다. 아이들의 눈을 들여다보기도 전에 그녀의 아파트에서 웅크리고 잠자는 아이들을 사랑하게 됐다. 누군가의 소리 없는 몸에, 파르르 떨리는 눈꺼풀에, 잠자는 체취에 사랑을 느끼는 것이 가능한지 몰랐다.

그녀는 내게 새로운 사람이자 여자이자 엄마고, 나보다 더 똑똑하고 더 성공했으며, 나와 마찬가지로 세계를 돌아다니고, 독립적인 여자였다. 어쩌면 슈퍼우먼과 같았다. 그녀와 함께 있으면 나보다 실력이 월등한 사람과 테니스를 치는 것 같았고, 그녀는 내 실력을 향상시켜줄 사람이었다. 나는 그녀 곁에 머무르면서 찌릿찌릿한 흥분을 느꼈고 그녀를 존경했다. 최근 몇 년간 만났던 남자들에게서는 느끼지 못한 감정이었다.

누군가의 전부를 안다는 것은 겁나는 일이다. 그럼에도 나는 보통 무심한 척했다. 그녀는 나와의 약속을 몇 번이나 취소했고, 나는 그녀가 바쁜 싱글 워킹맘이니 무엇을 기대하겠냐며 태연한 척했다. 그녀와 '밀당'하고 싶지 않았다. 그녀는 그저 그런 남자가 아니니까. 그녀는 내게 너무나 소중했고, 보통 내게 헷갈리는 신호를 보내던 남자들을 대할 법한 태도로 그녀를 농락하지 않고 존중했다.

　하루는 뉴욕에서 3시간 떨어진 캣스킬 산에 있는 젠 마운틴 사원에서 1박할 참이었다. 버스가 어두침침한 터미널을 떠나자마자 내 핸드폰이 울렸다. 지금 저녁을 먹으러 올 수 있냐고 묻는 J의 문자였다. 나는 자리에서 벌떡 일어나 다른 승객들을 깜짝 놀라게 만들고는 운전사에게 버스를 당장 세워서 이 교통 체증 한가운데서 내려달라고 했다. 운전사는 귀찮아하며 투덜거렸지만 나는 그에게 어쩔 수 없다고 설명했다. 사랑은 찾기 어렵고, 그 사랑을 가졌을 때엔 잃지 않기 위해 온 힘을 다해야 한다.

　J는 칭찬뿐만 아니라 그 무엇도 받는 것을 어색해했다. 그녀에게 그토록 아름다운 얼굴로 사는 건 어떤 느낌이냐고 진심으로 묻자, 그녀는 민망함에 일그러진 미소를 지었다. 그녀는 선물을 받는 것을 어려워하면서도 스스로를 위해 물건을 사지 않았다. 반면에 나는 그녀의 선물을 사고 싶어 참을 수가 없었다.

　언젠가 나는 사람들로 붐비는 미드타운의 세포라에서 그녀를 위해 립스틱을 고르느라 1시간을 꼬박 보낸 적도 있었다. 그녀의 피부색에 완벽히 어울리는 그 립스틱은 진자주색 바탕에 장밋빛이 돌았다.

그녀는 화장하는 극히 드문 날에도 적절한 색을 고른 적이 없었다. 사람들은 그녀를 아주 매력적이라고 묘사하곤 했지만 내게 그녀는 높은 광대와 도톰한 입술을 가진 눈부신 여자였다.

그녀는 아무것도 필요 없다고 했지만 나는 그녀에게 립스틱을 사주고 싶었다. 나는 열정적인 쇼핑객들의 팔꿈치에 치이는 것을 참아내며 레이저처럼 예리한 집중력으로 방대한 종류의 립스틱들을 들여다보았고 손등에는 수십 가지의 딥핑크 립스틱을 그어댔다. 집에 돌아와 얇디얇은 분홍색 종이로 작은 립스틱 상자를 포장했고, 그 위에 내 향수를 뿌린 후 다시 작은 세포라 봉투에 집어넣었다. 선물을 주자 딸들은 신이 났지만 그녀는 완전히 무관심해 보였다. 미소를 살짝 지었지만 고맙다는 말조차 없었다. 울고 싶었다. 얼마나 나 자신이 한심하던지…. 그러나 그녀를 잃을까 봐 두려웠던 나는 그녀 앞에서 감히 울 수도 없었다. 그래서 화장실에서 울고는 아무 일도 없었다는 듯이 눈가에 번진 마스카라를 닦아냈다. 그녀의 곁에서는 모든 것을 억눌러야만 했다.

그날 밤 택시 안에서 그녀의 손 안에 내 손을 밀어 넣었을 때, 그녀가 그 손을 꽉 쥔 이유가 무엇이었는지 묻고 싶었다. "나도 너를 사랑해."라는 의미였을까? 아니면 조르는 아이를 달래듯 "그래, 그래, 애야." 라고 어르는 것이었을까? 아니면 "너를 어떻게 해야 할지 모르겠어. 너는 내게 너무 깊이 빠졌어. 네가 어떻게 해야 진정할지 모르겠다."라고 돌려서 거절한 것이었을까?

나는 우리가 어떤 이름도 붙이지 않는 이 비밀스러운 관계가 불안했다. 너그러운 친구에게 찾아가 진심을 털어놓았다. 일이 끝나고 로제 와인 한 병을 나눠 마시며 내 말에 귀기울여주고는 나를 안심시켜주었다. "그녀는 너를 사랑해. 그런데 무서운 거야. 너는 그녀가 정말 혼란스러워한다는 것을 알아야 해. 그저 무조건적인 사랑을 보여줘. 아무것도 묻지 마."

J는 선천적으로 종잡을 수 없는 성정인 것 같았고 내면의 공포를 견뎌내는 중인 것 같았다. 나는 이런 사람들을 잘 알지 못하기 때문에 아무것도 묻지 않았다. 내 영혼의 밑바닥에서 나오는 의문들을 절대 밖으로 표현하지 않았다(지켜줘야 하는 섬세한 균형이 있다는 것을 알았으니까). 크거나 거칠거나 깊어질 수 없었고, 재미있고 가볍고 위협적이지 말아야 했다. 나는 내 감정과 욕구에 저지선을 쳤고, 그것들을 갱 속으로 밀어 넣어야만 했다.

그러나 한 번은 내가 그녀의 경계를 완전히 풀어버렸다고 느낀 적이 있었다. 그녀가 정말로 자기 자신을 나와 공유하고, 자신의 약점이 내 약점에 녹아들게 만들려는 것 같았다. 두려워진 나는 한 발 물러섰고 그녀는 재빨리 마음의 문을 닫았다. 그녀는 자기를 보호하기 위해 갑옷을 두르고 있었지만, 그 갑옷에는 균열이 있었다. 그녀는 내 마음의 문 앞까지 와 노크하고는 안을 살짝 엿보았지만 내 마음을 두른 선을 넘지 못했다. 그리고 나는 그녀를 잡아 끌 수 있을 만큼 멀리 손을 내밀 수가 없었다.

그녀는 내가 부자와 결혼해서 아이를 낳아야만 나중에 자신과 함께할 수 있다고 말했다. 어쩌면 그녀는 내게 전략적이 되어야 한다고 말하고 있었다. 그러나 나는 그럴 수 없었다. 내 성격은 그렇지 못했고 나는 그녀를 원했다.

그녀는 결국 우리 사이의 일을 모두 끝내버렸다. 나에게 자신이 감정적으로나 이성적으로 가질 수 없는 여자라고 설명했다. 우리는 그녀의 아파트 거실 소파에 앉아 있었고 그녀는 너무 피곤한 상태였다. 그녀는 복잡한 감정을 느끼는 것을 질색했다. 한 가지 감정을 느끼기 시작한다면 모든 감정이 몰려들 것이고, 그러면 자제심을 잃어버리는 일을 감당할 수 없었기 때문이다. 그녀는 자신의 갑옷을 끝내 내려놓을 수 없었던 것이다. 그리고 그녀는 내가 그녀를 사랑하는 방식으로 나를 사랑하지 않는다고 했다. 칼로 500만 번쯤 속을 후벼 판 듯 느껴졌다.

나는 미동조차 할 수 없었다. 소란을 피우는 대신 고개를 끄덕이고 그 자리를 뜬 후에, 세인트패트릭 성당으로 비틀거리며 들어가서는 모든 것을 잊기로 했다. 펑펑 울어대며 신에게, 우주에게, 아니 저 위에 있는 누구든 간에 내 인생에는 그녀만이 필요하다고 말했다. 나는 그토록 사랑하는 사람들을 영원히 잃는다는 것을 받아들이기 힘들었다.

내 친구 카밀라가 내 곁에서 위로해주었다. J는 내가 그녀의 어둠을 비춰주는 빛이었고, 그녀는 이를 감당할 준비가 되어 있지 않았기 때문에 겁이 났으며, 그래서 떠나버린 것이라고 말해주었다. 그 말에 덜 버림받은 기분이 들었다.

나는 그녀를 바꿀 수 없어.
나는 그녀를 그녀 자신으로부터 구할 수 없어.

나는 그녀를 위해 울었다. 그리고 나 자신을 위해서도 울었다. 아파트에서 울고, 지하철에서 울고, 식당에서 울고, 술집에서 울었다. 그녀 때문에 울 때 나는 아빠 때문에도 울었던 것 같다. 나는 모든 것을 위해 울었다. 무엇이 슬픔이고 무엇이 슬픔이 아닌지 알기란 쉽지 않았다.

세상에는 모르는 것이 너무나 많다.

/

미망인

/

케랄라의 풍요로운 녹지를 떠나서 뭄바이로 돌아가기 전 나는 내륙에 있는 마두라이 시로 짧은 여행을 떠났다. 마두라이는 타밀나두 주(州)의 정신적 중심점과 같은 곳으로, 나는 높이 솟은 사원에 둘러싸인 숭배자들의 도시에 머물며 독특한 에너지를 느끼고 싶었다. 나는 다른 순례자들과 마찬가지로 사원들로 향하는 기차에 올라탔고, 기차는 칙칙폭폭 소리를 내며 논과 조악한 마을들이 어우러진 풍경을 뚫고 달렸다.

기차에 한 여성이 타고 있었다. 기독교식으로 바꾼 메리라는 이름을 가진 이 여성은 행색이 좋아 보이지 않았고 돈을 구걸하러 내게 다가왔다. 그녀는 승객들에게 낡은 노란카드를 나눠줬고, 종이에는 자기 남편은 석공이었는데 건물에서 떨어져 죽었고 그녀는 몸 일부가 마비됐다는 내용이 영어로 쓰여 있었다.

제게는 딸이 넷 있는데 결혼 시킬 방법이 없습니다.
도와주시길 간절히 부탁합니다. 감사합니다. 메리

이게 정말이라면 그녀의 삶은 참으로 비참했다. 남편 장례식에 쌓인 장작더미 위에서 스스로 제물이 되는 풍습인 사티(sati, 살아 있는 아내를 죽은 남편과 함께 화장하던 과거의 힌두교 풍습—옮긴이)는 이제 인도에서 금지되었지만, 인도의 많은 미망인이 여전히 주눅든 삶을 살고 있고, 마을에서 이들은 재수 없는 존재로 인식되고 기피되었다.

인도의 미망인들은 가끔 독방에 감금되거나 금욕을 실천하고 유산을 포기해야 했다. 설사 사티가 불법이라고 해도, 이 논란이 많은 의식은 인도에서 가장 낮은 계층에 있는 여성들을 폄하하는 사회의 전반적인 태도라고 볼 수 있다. 평생 일해본 적 없고 아무런 기술도 없는 미망인들은 오직 생존을 위해 매춘부가 되기도 했다. 이들은 대부분 그야말로 가족에게 버림받았고 개탄할 만한 상황에서 살아가거나 아쉬람에서 위안을 얻는 수밖에 없다.

'엄마도 미망인이야. 미망인이라고.'

객차를 뚫고 지나가는 메리를 보면서 나는 엄마를 떠올렸다. 그 사실에는 역겨운 부분이 있었고 나는 이의를 제기하고 싶었다. 엄마는 여전히 상대적으로 젊었고 머리카락은 아직도 검은색이었다. 엄마는 황금기를 누려야 했고 세계를 여행해야만 했다. 그것도 아빠와 함께. 엄마는 차별이나 경제적 불평등 같은 공포에 시달린 적이 없지만, 인도로 돌아갔을 때 미망인이라는(그리고 거의 평생을 누군가와 함께 살다가 혼자가 됐다는) 엄마의 경험은 정서적 관점에서 완전한 재앙과도 같았다. 나는 그에 대해 엄마와 이야기를 나눌 필요성을 못 느꼈다. 우리

둘은 보이지 않는 핏줄로 연결되어 서로 닮아버렸다. 내가 몇 천 킬로미터나 떨어진 곳으로 여행을 갔을 때도 마찬가지였다. 엄마의 고통은 내 고통이었다.

엄마는 언제나 나를 지지해주는 사람이었다. 수줍음이 많은 아이였던 나는 가끔 내게 불친절하거나 경쟁심을 드러내는 여자아이들 때문에 불안에 가득 찬 사춘기를 보냈다.

"너는 얼굴이 더 두꺼워져야 해! 걔네는 그냥 널 질투할 뿐이야, 타시!" 엄마는 내가 강해지는 법을 배워야 한다고 주장했다. 아직까지도 직장동료나 날 오해하는 친구들에 대해 불평할 때면 엄마는 모든 사실을 다 알지 못하면서도 내 편을 들어준다. 나는 나를 그토록 무조건적으로 사랑해주면서도 거의 종교적인 수준으로 존중해주는 누군가를 상상할 수가 없다.

아빠가 돌아가신 뒤 우리는 둘 다 혼자 있고 싶어 했다. 그러면서도 우리 둘은 외로움 속에서 함께 있었다(물리적으로는 아니지만). 나는 언제나 엄마에게 혼자가 아니라고 확신을 주었다. 내가 아무리 엄마에게 애정을 쏟아도 엄마는 배우자도 없이 늙는 두려움에 대해 이야기했다. 그럼에도 엄마는 새로운 동반자를 고려해본 적은 한 번도 없었다. 감히 이를 권하지도 않았다. 그녀에게는 가히 신성모독이었으니까.

나는 엄마가 왜 내 배우자를 찾는 것에 집착하는지 궁금했다. 나는 홀로 지내는 경험이 대부분 즐거웠고 홀로 지내는 덕분에 다양한 이들과 여러 대륙을 다니며 내 인생을 펼칠 수 있었다. 짧지만 정열적인 러브스토리가 수십 번이나 있었고 어떤 인연은 결혼보다 더 강렬하기도 했다. 내게는 돈독한 우정도 여럿 있었다. 엄마는 내 친구나 나처럼 오래도록 싱글로 지내면서 30대를 보낸 적이 없었다. 즉, 엄마에게는 내가 친구들과 나누는 우정이라는 그 촘촘한 공동체, 이 시대를 살아가는 30~50대의 싱글 여성들이 대부분 누리는 그러한 우정을 키워본 적이 없다는 의미다.

일찍 결혼하지 않고 성인기의 대부분을 싱글로 지낸 사람에게 친구는 피를 나눈 친척이 아니면서도 지지와 위로를 안겨주는 유일한 오아시스가 된다. 여성들은 남자친구에게서 구할 수 없는 뭔가를 자연스레 주고받는다. 여성들의 연대는 논리를 넘어서 같은 성별로 존재하는 것을 통해, 그리고 이 세상을 여성으로 살아간다는 경험을 나눔으로써 서로를 좀 더 효과적으로 이해하는 것이다.

내 친구들은 내가 그들이 성공하길 바라는 것만큼 진심으로 내가 성공하길 바라는 천사 집단처럼 느껴진다. 정신적으로나 심리적으로 우린 깊이 얽혀 있기 때문이다. 이러한 지지 구조를 가진다는 것은 내가 대개는 혼자가 아니며, 만약 내가 외로워지면 다중의 성적 공동체나 대안적인 생활환경에 언제든 합류할 수 있다는 의미가 된다. 최근에는 이런 추세가 늘어나고 있기도 하다.

나는 가끔 일부일처제 하에서 이성애자와 결혼하고 가정을 꾸려야 한다는 압력에 대해 어떤 체제전복적인 힘이 관여하고 있지 않을까 궁금하다. 가끔 나는 아이 없는 싱글 여성은(특히나 교육을 받았고 어느 정도 경제적 능력을 가진 여성이라면) 가부장적 규범에 대한 위협으로 인식될 것이라고 믿는다. 그 여성에게는 능력과 자율성과 과감함이 있고, 적어도 서구에서는 어떤 사람이나 상황에 의해 통제되거나 예속될 수 없다. 그리고 이는 힘의 역학에서 큰 변화를 가져올 수 있다. 나는 지금 우리가 그 변화의 시작을 목도하고 있다고 생각한다.

그러나 한 가지 의문이 남는다. 60~70대에는 어떻게 살 것인가? 늙은 나를 돌봐줄 배우자나 자녀라는 안전망이 없다면 나는 파멸하고 말 것인가? 나를 받아줄 공동체를 찾을 수 있을 것인가? 사지를 절단해야만 하는 희귀병에 걸린다면 그런 나를 돌봐줄 곳을 찾을 수 있을 것인가?

/

치유

/

마두라이는 오직 사원을 보기 위해(그곳은 사원으로 가득한 곳이었으니까) 온 것이었고, 뭄바이로 돌아가기 전날 적어도 사원을 하나 더 방문하기로 작정했다. 오후 늦게 한풀 꺾인 열기가 가라앉자 툭툭을 잡기 위해 밖으로 나왔다. 친절해 보이는 노인 하나가 호텔 앞에 툭툭을 세워놓고 있었다.

우리는 덜 알려진 쿠달 알라가르Koodal Alagar 사원으로 가는 흥정을 마쳤다. 쿠달 알라가르 사원은 비슈누Vishnu 신에게 바쳐진 곳으로, 4개의 팔과 파란색 피부를 가진 이 신은 우주를 보존하고 우주의 질서를 유지하는 전지전능한 힘을 가진 것으로 여겨졌다(힌두 신화에서는 매우 중요한 역할을 맡는다). 내가 비슈누 사원에 끌린 이유는, 그 신이 태양에서 살며 그 빛은 그의 변치 않은 정수라고 들었기 때문이었다. 또한 이 사원의 규모가 작고 관광객들이 덜 선호한다는 점에도 역시 끌렸다.

운전사에게 나를 기다리지 말라고 했다. 몇몇 힌두 신도가 미끄러지듯 안으로 들어가서는 조용히 고대 건축물 주변을 돌고 사원 마당에 엎드렸다. 이들은 어두운 대리석 바닥에 몸을 쭉 폈고 손으로는 기도 하는 자세를 취했다. 이 모습을 보고 나는 바크티 요가를 떠올렸다. 힌두교의 종교의식 가운데 하나로, 그 중심에는 신에 대한 사랑과 애착이 자리하고 있다. 이 요가는 '헌신의 길'이라고 알려져 있기도 하며, 가장 성스러운 힌두 경전인 《바가바드기타》에 따르면 해탈로 이어지는 수행의 길로 여겨진다.

나는 그곳에서 유일한 관광객이었지만 인도식 의상을 입어서 상대적으로 눈에 띄지 않은 채 지나갈 수 있었다. 독실한 힌두 신자들의 점잖은 무리를 따라 기념비 주변을 도는 동안 내 심장이 열리고 내면에 숨겨져 있던 상자의 빗장이 끌러지는 것을 느꼈다. 힌두 신자들은 고된 하루의 일을 마치고 일일예배를 드리기 위해 혼자만의 무한한 여정을 떠나는 중이었다. 이들의 무조건적인 신앙은 전염성이 있었고 심오한 감동을 주었으며 내 안에 와 닿았다.

아빠의 장례식에서 사람들은 고통스러우면서도 참아냈다. 나는 검은 옷을 차려 입은 가족들 앞에서 아빠를 위해 지은 시를 낭송했다. 나는 그 시를 읽으며 어떻게 내가 무너지지 않았는지 알 수 없었지만 그때만큼은 아빠가 나와 함께한다고 생각했던 것 같다.

"아버님은 절대 당신을 떠나지 않을 거예요."

장례식장에 온 뚱뚱한 남자가 뒤에서 내 어깨를 꽉 잡고 안아주더니 몇 번이고 내 귀에 일렀다. 그의 입에선 초코 과자 냄새가 났다. 이러한 포옹도, 그런 과자를 먹었다는 사실도 부적절해 보였다. 그날은 무엇을 먹어도 그랬을 것이다(뭔들 적절했겠는가?). 나는 그에게서 빠져나올 수가 없어 그대로 축 처지고 말았다. 내 한쪽 팔과 한쪽 다리, 내 반쪽을 잃고 말았으니까.

슬픔은 우리의 마음을 갈라놓고 우리의 근원까지 닿는다. 그렇게 그 슬픔은 선물이 된다. 나는 내 슬픔을 늘 고립시켜왔다. 내 어두운 감정이 고개를 들 때 이를 마주하기보다는 다른 곳에 신경을 쏟음으로써 이를 통제했다. 고통을 느끼는 게 너무 힘들었으니까. 나는 엄마나 오빠와 함께 우리가 잃은 그 대상에 관해 제대로 된 대화를 나눌 수가 없었다. 나는 업스테이트 뉴욕에 있는 아빠의 묘지를 찾아가볼 수도 없었다. 가야 한다고 느껴져도 어쩔 수 없었다.

'아빠 생신 즈음인 11월에는 가볼 거야. 아마 그때는 준비가 되어 있을 거야.'라고 생각했다. 이 생각을 하는 동안 4번의 11월이 지나갔다. 아빠의 묘지를 찾아간다면 마법 같은 일이 벌어지리라고 생각했다. 이를테면 바싹 마른 낙엽이 내 주위에서 소용돌이치며 날아가는 일이 생길 수도 있었다. 또는 무지개가 뜬다든지, 바람이 갑자기 잠잠해지며 사방이 고요해진다든지, 새들이 주변을 맴돈다든지, 다람쥐가 내 앞을 깡충깡충 뛰어간다든지 말이다. 아빠는 내가 그런 것들을 좋아한다는 것을 알고 있었다.

마두라이 사원에서 나는 혼자지만 혼자가 아니었고, 슬픔의 존재를 알아차릴 수 있었다. 카타르시스가 느껴졌다. 나는 아빠를 위해 초하나를 사서 불을 붙이고는 깜빡이는 촛불들 맨 아랫줄에 놓아두었다.

촛불들은 병아리 눈물만큼의 석양처럼 일렁이며 빛을 내고 있었다. 나는 슬픔을 억누르기 전에 그대로 일도록 내버려두었다. 나는 내가 간헐적인 슬픔만 감당할 수 있을까 봐, 내 심장이 한꺼번에 쏟아지는 슬픔을 감당할 수 없을까 봐 두려웠다. 그러나 그곳에서 나는 혼자였지만 뭔가에 둘러싸여 있었고, 울어도 괜찮았고 피폐해져도 괜찮았다. 안도감마저 느껴졌다.

예상치 못한 감정을 느끼며 사원에서 나왔고, 나를 기다리고 있던 툭툭 운전사를 발견했다. 다음 행선지를 그에게 말하지 못했지만 내 슬픔을 느낀 그가 나를 이끌었다. 나는 내 뺨의 눈물을 마르게 해줄 따스한 바람과 함께, 마음을 가라앉혀주는 도시와 내 주변에 살고 있는 생명들과, 누군가를 잃었지만 계속 숨 쉬며 살아가는 다른 사람들이 만들어내는 위안을 느꼈다.

언제나 싸우고 회복하는 일만이 강한 것은 아니다. 가끔은 그저 스스로를 놓아버리고 쪼개어 여는 것이 더 강한 것일 수도 있다. 인도는 내가 스스로를 조각내어 열어버리고는 다시 쌓아올릴 수 있게 했다. 인도는 내게 인생이 순응과 통제 사이의 미묘한 균형 잡기라는 것을 알려주었다. 그리고 우리에게는 순응해야 할 것들과 통제할 수 없는 것들에 대한 심오한 앎이 필요하다는 것도, 그리고 그 앎에 대해 실제로 귀를 기울이는 것이 어렵다는 것도.

인도는 내 안에 고여 있는 슬픔을 보여주었다. 내 영혼은 난파선 안에서 서서히 죽어가고 있었고 꽉 막힌 물이 흘러갈 수 있게 해달라고 말하고 있었다. 내 안의 불인 아그니처럼 영혼에도 관리가 필요했다. 영혼을 일구는 일은 균형을 맞추는 행위다(인생의 모든 것과 마찬가지로). 우리는 내면에 스민 생각과 감정과 슬픔에 목소리를 부여할 때 영혼을 배양할 수 있다. 이 생각과 감정과 슬픔은 변화가 일어날 수 있도록 우리가 알아차려주기를 기다리고 있다. 이것이 애도의 전제조건이자 더 나아가기 위해 지나야 할 문턱이 된다.

싱어송라이터인 레너드 코헨Leonard Cohen은 모든 것에는 균열이 있고 빛은 그 안을 비집고 들어간다[1]고 했다. 그렇게 치유되는 것이다. 빛은 어둠을 앗아가고 어둠을 넘어서며, 그렇게 사랑만 남게 된다. 그리고 그 안에서 나는 강력한 에너지를 발견했다.

싸우고 회복하는 일만이 강한 것은 아니다.
가끔은 스스로를 놓아버리고 쪼개어 여는 것이
더 강한 것일 수 있다.

인도는 내가 스스로를 조각내고는
다시 쌓아올릴 수 있게 만들었다.
여행을 더 멀리 할수록
집에 가까워진다고 느꼈다.

Part 6

인생에 한 번은 모험이 필요하다

질문하는 사람은 길을 잃지 않으리.

−아프리카 속담

채집 생활

/

인도에서 90일을 보내고 4월이 되자 나는 시칠리아 구석에 제멋대로 지어진 농가에 머물게 되었다. 지도에도 잘 나오지 않는, 끝도 없이 이어진 올리브나무와 밝은 녹색의 아티초크 밭, 그리고 완만하게 경사진 포도밭으로 둘러싸인 곳이었다. 날씨는 뭄바이의 후덥지근한 손아귀에서 벗어나자 상쾌해졌다.

시칠리아섬의 남동쪽에 자리한 이곳은 북아프리카에서 불어오는 소금기 머금은 바람이 내 피부와 농부들의 불그스레한 뺨을 어루만졌다. 이곳의 농부들은 몇 십 년간 가차 없는 태양 아래서 바람에 시달리면서 낡고 오래된 피아트 차를 운전하는 사람들이었다.

모험심 넘치고 사업가 기질이 강한 내 친구 키아라는 런던에서의 삶이 불행하다고 느꼈고, 마침내 일을 그만두고 시칠리아섬으로 이주했다. 이곳에서 그녀는 유명한 와인 생산지인 네로 다볼라^{Nero D'Avola} 근처에서 커다란 농가를 빌려주는 일을 했다. 오랫동안 품어온 꿈을 이루면서 그녀는 방앗간이었던 곳을 수련 공간으로 바꾸었으니 나에게 한번 놀러오라고 했다. 이 일을 시작하면서 몇몇 친구들에게 피드백을 듣고 싶은 모양이었다. 우연히도 수련회의 주제는 쿤달리니kund-alini 요가였고, 내게 딱 필요한 일이었다.

당시 나는 수행에 몰두하고 있었다. 내 웰빙에 도움이 되고, 아름다운 풍경을 바라보며 치유할 수 있는 일이라면 무조건 찬성이었다. 이번 수련은 내가 오랫동안 상상만 해왔을 뿐 무시해오던 쿤달리니를 일깨우는 데 도움이 될 것이었다. 쿤달리니란 척추 아랫부분에 똬리를 틀고 있는 뱀으로 시각화되곤 하는 여성의 에너지로, 천골薦骨로 알려져 있는 삼각형의 뼈 안쪽에 존재한다.

쿤달리니 요가는 1960년대 후반 요가 수행자였던 요기 바잔이 인도에서 미국으로 들여왔으며, 그의 명언인 "신의 전체를 볼 수 없다면 이는 아예 볼 수 없는 것이다."라는 말은 나의 이목을 사로잡았다. 쿤달리니 요가에서 행하는 주요 호흡법인 카파라바티 프라나야마 Kapalabhati Pranayama는 소문에 의하면 모든 인간의 몸에 존재하는 하얗고 뜨거운 쿤달리니 에너지를 깨워준다고 한다.

쿤달리니 에너지는 복식호흡법과 같은 영성 수련에 참여함으로써 덜컥 깨어나게 된다. 복식호흡법은 숨을 수동적으로 들이마심으로써 배를 내밀고, 그 후에 빠르고 강제적으로 숨을 내쉬는 것이다. 단조롭긴 하지만 이 호흡법은 피와 폐에 쌓여 있는 독소를 배출시키고 에너지를 북돋아주어 단 3분만 해도 효과적이다. 이렇게 에너지를 자극하는 것은 생식기를 건강하게 만든다.

나는 쿤달리니가 작동하는 방식에 대해 생각했으며, 또한 어떻게 여성들이 지닌 육체적 자율성(생명을 만들어내는 능력) 덕분에 우리가 남성들보다 더 강해질 수 있는지를 생각했다. 물론 현재의 권력 구조는 그와 반대이긴 하다. 영성계에 있는 사람들은 지구의 정신이 여성스러움을 향해 모이고 있다고 말한다. 우리는 더 이상 여성적 에너지를 부인할 것이 아니라 남성들과 동등한 파트너십을 맺으며 재건하도록 해야 한다.

여성이 권력을 손에 넣게 되면 집단적인 힘이 되고, 그 힘은 지구를 치유하는 데 쓰일 거라고 한다. 특히나 요기 바잔은 여성의 힘을 일찍이 인식했고 여성의 직감은 남성보다 16배 강하다고 강조했다. 나는 이 직감을 내 안에 있는 명랑하고 강력한 여신에 비유한다. 이 여신은 모든 것을 다 알지만 내가 명상, 요가, 기도 같은 수련을 통해서 깨우지 않는 한 대개는 잠들어 있다.

아유르베다가 몸을 정화하고 균형을 바로잡는 일이었다면, 자연에 머물며 농장에서 일하는 것은 나 스스로에게 마음을 터놓음으로써 더 높은 단계로 발전하고 나름의 치료법을 찾아내게 하는 일이라 생각했다. 나는 자아의 황무지로 향하는 기나긴 여정을 이제 막 피상적으로 시작했을 뿐이었다.

키아라가 마련한 자리에는 다양한 무리가 모였다. 런던, 브뤼셀, 바르셀로나, 시칠리아, 뉴욕에서 온 요가 마니아들과 보통 사람들이 뒤죽박죽으로 모여 요가복을 입은 채 너른 아티초크와 밀밭을 엇비슷하게 걸어 다녔고, 독사를 밟지 않도록 주의하면서 자연의 소리에 집중했다. "서로 말하거나 눈을 마주치지 마세요." 요가 선생님이 이렇게 명령했고 우리는 마치 초등학생들처럼 낄낄거렸다.

끊임없는 전화회의와 영상회의, 이메일에 내 인생을 소모하는 대신 내가 뭔가 생산적이고 실재적인 일을 하고 있다는 느낌을 가지기 위해 땅에서 일하고 싶은 갈망이 일었다(부끄럽게도 나는 농업에 대해 아는 것이 거의 없었다). 시칠리아 사람들은 '자연과의 재회'를 꿈꾸는 내 욕망을 비웃었다. 그들에겐 생활이었기 때문이다. 그러나 나는 밭에서 내 손으로 거둔 아티초크나 주키니 호박이 마침내 프리타타(Frittata, 채소와 치즈 등을 달걀에 섞어 만든 이탈리아식 오믈렛 — 옮긴이)로 변하거나 리소토가 될 때 황홀해졌다.

채집 생활은 날 것 그대로 원시적이었다. 이들은 나를 보고 "넌 진짜 미국인스러워."라고 말했지만 상관하지 않았다. 나는 농장 경험을 하고 싶은 것이 미국인다운 일이라기보다는 인간적이고 육체적인 욕망이라고 생각했다. 평소 자연에서 살아가는 사람들은 자연이 존재하지 않아서 균형을 잃는 것이 어떤 것인지, 그리고 자연을 그토록 절실히 원하는 것이 어떤 느낌인지 알기 어려울 것이다.

매일 아침 아파트에서 나와 터미널로 가기 위해 지하철에 몸을 싣고, 공기오염 탓에 시들해진 벌거숭이 나무들 사이를 지나쳐 콘크리트 건물로 들어선다. 그리고 집에 가기 위해 그 길을 되돌아가게 된다면 그제야 당신의 삶이 얼마나 공허하고 목마른지 알게 될 것이다. 혹은 그 목마름이 당신의 온전함을 어떻게 갉아먹을지도 그들은 이해할 수 없을 것이다.

"일을 꽤 잘했어. 자기가 지금 하고 있는 자기
계발 어쩌고 하는 건 그만두고 9월까지 돌아와."

매즈는 내게 시간을 좀 더 주었다. 나는 여전히 원격 근무로 일하
고 있었고, 일주일에 3번만 출근하면 충분했다. 나머지 나흘은 내가 하
고 싶은 일을 할 수 있었다.

나는 우프(WWOOF, World Wide Opportunities on Organic
Farms)에 가입해 농장에서 일할 기회를 얻길 기다리고 있었다. 이 단
체는 세상을 방랑하길 좋아하는 여행객들에게 농부와 재배자들을 연
결시켜준다. 자원봉사자들은 매일 4~6시간가량의 소일거리가 있는
땅에서 일하게 된다. 퇴비를 만들거나 정원을 가꾸거나 씨를 뿌리거나
장작을 패거나 김을 매거나 추수를 하거나 와인을 만들거나 하는 일을
하면 그 대가로 식사와 잠잘 곳을 제공받는다. 이 모든 것이 신뢰를 기
반으로 하며, 여기에는 돈이 전혀 관여하지 않는다.

모두가 키아라의 집을 떠난 후에도 나는 우프에서 소식이 오기를
기다리면서 마세리아에 남았다. 울퉁불퉁한 바위가 좋았고, 선인장과

포도나무, 레몬과 올리브나무, 그리고 그 지역의 다양한 토착식물들로 둘러싸인 마세리아에서 잠을 깨는 것이 즐거웠다. 오후가 되면 차갑게 식은 바닷바람이 햇빛을 뚫고 불어오는 테라스에서 일했다.

키아라는 매일같이 주변 지역을 구경시켜줬다. 그녀가 사랑에 빠져버린 땅, 너무나 잘 파악하고 있는 땅이었다. 그녀는 블러드오렌지 수풀 사이로 난 험난한 산책길을 통해 나를 벤디카리 자연보호구역으로 데려갔다. 그곳은 빛바랜 분홍색 플라밍고들이 드문드문 서 있고 바위투성이 해안가로 연푸른빛 파도가 제멋대로 밀려와 부서졌다.

우프 농장의 연락을 기다리는 일은 생각보다 오래 걸렸다. 나는 마지막 순간까지 버텼지만 대부분의 농장들은 초여름 전까지는 일손을 구하지 않았다. 내가 미처 생각하지 못했던 또 다른 문제는 교통이었다. 나는 차가 없었기 때문에 거의 악몽에 가까운 이동 과정을 거쳐야 했다. 여기에는 불규칙한 시칠리아섬 버스 문제도 포함이었다. 나는 어리석고 주제넘게 굴고 있던 것이다. 농장 일을 도우러 갈 곳이 없다는 것에, 그리고 상황을 전체적으로 생각해보는 대신 평소처럼 즉흥적으로 행동했다는 것에 스트레스를 받았다. 비참할 정도로 부주의한 사람이 된 기분이었다. 나는 몇 번 심호흡한 뒤 더 기다려보기로 했다. 내가 시작한 새로운 연습이었다. 여기저기 물어보면서 차분히 더 기다리기로 했다.

나는 수련회에서 만난 커플인 마야와 필립을 떠올렸다. 해발

3,323미터로 유럽에서 가장 높은 활화산인 에트나 산의 구릉에 자리한 포도원에서 사는 커플이었다. 나는 키아라에게 이들의 번호를 알아내 혹시 일손이 필요하지 않은지 물었다. 알고 보니 이들은 우프의 일원이었고, 우프 일꾼들이 자기네 포도원에서 자주 일한다고 했다.

"운명이야!"

마야와 필립은 내게 줄 일이 아주 많으니 그쪽으로 오라고 말했다.

버스를 타지 않고는 방도가 없었다. 내 유일한 선택은 카타니아를 통해 에트나 산 북쪽에 있는 큰 마을인 링구아글로사까지 버스를 타고 가는 것이었다. 길은 매우 헷갈렸고 나는 갈아타야 하는 곳을 여러 번 놓쳤다. 그러나 다행히도 큰 수트케이스는 마세리아에 남겨두고 왔기 때문에 나는 커다란 손가방 하나와 싸구려 문고판 《월든》 한 권, 그리고 노트북컴퓨터만 들고 여행하는 중이었다. "가볍게 여행하고, 가볍게 살고, 빛을 퍼트리고, 빛이 되어라(light가 '가벼운'이란 의미와 '빛'이란 의미를 모두 가지고 있다는 점을 활용한 말―옮긴이)." 요기 바잔이 말한바 대로 물건을 줄이는 것은 즐거운 일이었다.

내가 도착할 무렵 다른 우프 일꾼도 와 있었다. 2주간 이곳에서 일하고 다음날 아침에 떠나기로 되어 있는 젊은 독일인이었다. 그는 널찍한 부엌의 한쪽 편에 있는 작은 손님방에서 머물렀다. 나는 그날 거실 소파에서 잠을 잤고 마야는 2층에 있는 부부침실에 있었다. 그 독일 남자는 20대 초반이었고, 몇 달간 유럽 전역을 거쳐 우프 활동을 하고 있었다.

자연에서 일하는 것은 사람들에게 건강한 영향을 미친다. 나는 과거에 에티오피아 고산지대, 방글라데시 북부, 또 파키스탄의 산에서 작물의 가뭄이나 홍수 피해를 마주하는 수없이 많은 농부들과 시간을 보내왔다. 어깨가 부서지도록 일해야 한다거나 충분한 식량이 없는 아주 불안한 상황에서도, 자연에 기대어 사는 이 사람들은 뉴욕에 있는 사람들보다 덜 불안해 보였다. 자연이 변덕스럽고 무차별적인 방식으로 피해를 입혀도 상관없었다. 이들은 일반적으로 모든 것에 평화로웠으며, 모든 것을 누리고 사는 내 친구들보다 행복해 보이기까지 했다.

놀랍지도 않겠지만 농사일은 육체적 건강에도 도움이 됐다. 사실 나는 그 독일인의 훤칠하고 늘씬하면서도 근육질 몸과 육체노동을 좋아한다는 자기소개에 마음이 불안해졌다. 어쨌든 나는 몸무게가 45킬로미터 남짓한 늙은 여자였고 농사일에는 전혀 재주가 없었으니까. 그렇다고 내가 도전에 응하지 않는다는 뜻은 아니었다. 비행기 안에서 나는 숀 펜이 나오는 '인투 더 와일드Into the Wild'를 보았다. 알래스카의 야생에 몰두하는 한 남자에 관한 이 영화에서 남자 주인공은 22구경 칼리버 라이플로 야생동물들을 사냥하고 자급자족하는 삶을 영위한다. 그뿐 아니라 나는 《늑대의 길, 깊은 숲 속에서 살아남기》를 읽어보기도 했다.

또한 고등학교를 졸업한 후 다시 한 번 소로의 《월든》을 읽으며 천천히 내 방식을 찾아냈다. 이번만큼은 기말과제를 쓰기 위해 중요한 부분만 뽑아내 읽는 대신 처음부터 끝까지 정독했다. 그러나 현실에선 이 모든 것이 과잉이었다. 나는 생존하려면 자작나무 줄기에서 수액을 뽑아내는 법이라도 알아야 할 것이라고 의심했던 것 같다.

"그 정도면 충분히 튼튼해 보이시는데요."

내가 질문을 퍼붓자 그 젊은 독일 남자는 안심시켜주었다. 나도 잘 알고 있었다. 충분히 튼튼하고말고. 인생은 우리에게 회복탄력성이 있음을 보여주고 또 보여준다.

나는 한때 영원히 슬플까 봐 두려웠지만,
아빠는 그의 죽음이 내 인생을 어둡게 덮어버릴
장막이 되길 원치 않았을 것이다.

우주는 감당할 수 있는 일만 내린다는 말,
아무런 위안도 주지 않는 그 이야기를 읽고 또 읽었다.
그러나 우주는 우리를 이해시킬 의무가 없다.

포도 농장

"내일부터 당신의 농사일을 도와줄 거예요."

마야는 자신의 땅을 관리해주는 남자를 내게 소개시켰다. 두미트루는 뚜렷한 이목구비를 가진 부지런한 루마니아 사람이었고, 매끈한 얼굴에는 허기진 표정을 짓고 있었다. 그는 나를 위아래로 훑었다. 딱히 내가 도움이 되지는 않을 것이라 확신하는 것처럼 보였다. 두미트루는 말을 거의 하지 않는 과묵한 남자였지만, 그에게는 묵직한 존재감과 함께 조용한 투지가 있었다. 햇볕에 잘 그을린 팔 여기저기에 흉터가 남아 있는 이 호리호리한 남자는 그 과묵함으로 존경심을 불러일으켰다.

마야는 그의 다른 가족들이 부카레스트에 살고 있으며 그가 번 돈을 집으로 부치는데, 가끔은 주머니에 현금을 가득 채워서 장거리 버스를 타고 집에 간다고 했다. 언젠가 한 번은 일하다가 손가락이 절단되는 사고를 당했는데, 피가 쏟아져 나오고 사방으로 튀는 와중에도 그는 근처 병원으로 가는 대신 티셔츠 한 장에 다친 손과 떨어져 나간 손가락을 둘둘 말아서는 치료를 받으러 버스를 타고 루마니아까지 갔다고 한다. 이탈리아에서는 불법체류자 신분을 들킬 위험이 있었기 때문이다.

그는 체인 톱을 휘두르거나 내게 자기를 따라 하라며 툴툴거릴 때면 입에 늘 담배를 물고 있었다. 계단식 밭을 오르는 그의 뒤를 쫓아가며 이탈리어로 더듬더듬 말했다.

"무거워 보이는데요."

아무런 답을 듣지 못해도 계속 말했다.

"그러니까, 제가 하게 될 일이 정확히 뭐예요?"

그는 몸을 돌려 머루 같은 눈으로 나를 바라보다가 투박한 손으로 땅을 가리켰다. 루마니아어인지 이탈리아어인지 알아들을 순 없었지만 내가 오솔길에 있는 긴 막대기들을 모두 치워야 한다고 설명하는 것 같았다. 길에 있는 돌이나 쓰레기를 모두 치워서 자기가 모는 트랙터가 걸리는 일 없이 지나다닐 수 있어야 한다고 했다. 그리고 내가 모은 막대기들로 포도넝쿨을 받쳐줄 격자 시렁을 만들 것이었다.

나는 포도를 따지 못해서 실망했다. 수확기인 9월이 오려면 아직도 몇 달이나 남았다. 아직 포도들은 작은 초록색 방울이었다. 어쨌든 나는 포도밭 주변 막대기들을 줍고 모든 것을 깔끔하게 정리했다. 포도원을 운영한다는 것이 이렇게 힘든 일인 줄 몰랐다. 포도를 심고 포도가 익기를 기다리고 이를 으깨어 와인으로 만들고 나면 모조리 꿀꺽꿀꺽 마셔버리는 일이 허무하게 느껴졌다. 포도원에서 일하느라 술을 자제해야 하는 아이러니도 있었다.

계단식 밭을 오르내리며 오염되지 않은 고요함이 만들어내는 먹먹한 소리를 만나게 됐다. 자동차나 사람이 만들어내는 소리가 아니었다. 곤충들의 숨소리, 시로코(siroco, 시칠리아 지방에 부는 고온건조한 지방풍-옮긴이)의 한숨 소리뿐이었다. 레몬향이 날 것만 같은 햇빛은 여러 가닥의 빛줄기로 부서져 포도원을 반짝이게 했다. 이것이 바로 요기 바잔이 모든 곳에서 신을 본다고 말한 의미였을까? 신을 보고 있는 것처럼, 아니면 어떤 신성함을 보고 있는 것처럼 느껴졌다. 그 모든 아름다움 사이에서 헤매던 순간 머릿속에 떠오른 생각이 나를 붙들었다.

세상은 전혀 완벽하지 않았다. 무슨 이유에선지 생각이 대지진 직후의 아이티에서 지냈던 시간까지 흘러가버렸다. 내가 처음으로 파견된 현장이었으며, 나는 CNN과 같은 언론 매체와 TV 인터뷰를 하는 대변인의 역할을 했다. 지진재해 지역으로 저널리스트 집단을 끌어오기 위해서였다. 모든 것을 지글지글 구워버릴 것 같은 열기 속에서 나는 매일 밤 자정이 지나도록 일했고, 피어오르는 먼지로 에워싸인 텐트 속이나 쓰레기통 꼭대기에서 쪽잠을 청했다. 첫날 나는 군 기지 안에 있는 버려진 텐트에서 실제로 잤고, 그 텐트는 한밤중에 무너지고 말았다. 며칠 뒤에는 구호물품 배급지에서 터진 폭동에서 도망쳐 나와 트럭 뒤편에 아슬아슬하게 올라타기도 했다.

그러나 나를 가장 기진맥진하게 만드는 것은 죽음과 파괴였다. 집을 잃고 아이를 잃고 가장 비참한 상황에 갇혀버린 가족, 빈곤과 슬픔에 휩싸인 가족, 회복이 불가능해 보이는 가족을 만나는 일이었다. 그 안에서 내가 어찌 신을 보겠는가? 내 것도 아닌 고통의 세계를 내 안에 머금고 다닌다고 느꼈다. 그 고통을 목도하긴 했으나 이를 소유하거나 그에 잠기도록 허용되진 않았다. 나는 그 고통에 노출된 이상 자연스레 이를 흡수하게 됐을 뿐이다.

그러고 난 뒤에는 여전히 나를 할퀴는 나만의 고통이 있었다. 내 생각은 흘러가 유치가 담긴 봉투에 머물렀다. 아빠의 가죽상자 안에서 발견한 것이었다. 아빠는 그 상자에 귀중한 것들을 보관해두었다. 당신의 아버지에게서 받은 편지들과 장인이 결혼식에 선물한 매끈한 초록색 보석이 박힌 금반지 같은 것들이었다. 나는 아빠가 내 유치를 보관하고 있는지 몰랐지만 유품들을 정리하다가 이를 발견했다. 나는 그 오랜 시간 유치를 보관하고 있던 그를 차마 떠올릴 수 없었다. 얼마나 많이 그 사람을 사랑하면 옛날에 빠진 이를 간직하고 있을 정도인가 생각했다.

나는 한때 영원히 슬플까 봐 두려웠지만, 아빠는 그의 죽음이 내 인생을 어둡게 덮어버릴 장막이 되길 원치 않았을 것이다. 우주는 감당할 수 있는 일만 내린다는 말, 거의 아무런 위안도 주지 않는 그 진부한 이야기를 읽고 또 읽었다. 그러나 우주는 우리를 이해시킬 의무가 없다.

Part 7

야생에서 팬티 내리고 오줌 싸기

세계를 변화시켜려 해선 안 된다.
우리의 임무는 자신의 삶을 바로잡는 것이기 때문이다.

－조지프 캠벨 Joseph Campbell, 작가/신화학자

/

에트나

/

에트나 산은 성층화산으로 4개의 정상 분화구
가 있다. 성층화산이란 단단하게 굳은 용암과 속돌, 그리고 화산재가
층층으로 쌓인 원뿔 모양의 화산을 의미한다. 에트나 산은 내가 허리
를 굽히고 이리저리 드넓은 땅을 누비면서 미미하게나마 기여하는 모
습을 지켜보고 있었다. 두미트루는 주로 보이지 않는 곳에서 일했으므
로 에트나만이 내 유일한 벗이었고, 산의 존재는 내게 위로가 되었다.

나는 에트나 산의 방대하고 자신감 넘치는 침묵에 흠뻑 젖어버렸
다. 맑고 창조적이고 멈출 수 없는 에너지가 느껴졌다. 나는 이게 내 안
에서, 아니면 에트나 산에서 솟아오르는 쿤달리니 에너지인지 궁금했
다. 자연은 자신이 태어나면서 하도록 되어 있는 일을 한다. 그리고 나
는 살아 있는 유기체로서 내가 태어나면서 하도록 되어 있는 일을 하
고 있는지 궁금해졌다.

저널리스트에서 공무원, 국제 구호원, 컨설턴트, 그리고 이제는
자유 영혼으로 변한 내게는 이제 딱히 전략도, 불타는 야망도 없었다.
사랑, 연애, 결혼을 두고 말하자면 그저 공허함을 채우고 싶은 건지, 짧

은 기간만이라도 아무 이유 없이 내게 사랑을 줄 수 있는 사람을 원하는 건지, 혹은 내가 통제할 수 없는 여러 가지 이유가 있는 것인지도 확실치 않았다. 어쩌면 가장 순수한 형태의 사랑에 접근할 수 있기를 바랐는지도 모르고.

마야와 나는 밤에 불을 피우고 마리화나를 피우면서 이런 것들을 토의하곤 했다. 가끔 마야는 난데없이 즉흥시를 읊기도 하고 자신이 어떻게 남편과 놀러 다녔는지를 말해주기도 했으며, 거의 죽을 뻔한 경험들을 자세히 이야기해주기도 했다. 나는 그녀의 시타르(북인도의 현악기─옮긴이)를 무릎에 올려놓고 줄을 튕겼다. 내가 무엇을 하는지 알 수는 없어도 그 악기에 마음이 끌렸다. 대화를 나누다 보면 마야는 드문드문 예리한 의견과 소소한 지혜들을 전해주기도 했다. 나는 그녀의 주옥같은 이야기들을 며칠이고 골똘히 생각하곤 했다.

나는 내 슬픔에 대해, 이전까지는 결코 용납할 수 없는 방식으로 마음을 열었다. 20~30대 초반에 가졌던 모든 만남에서 발전의 여지가 있는 관계는 무조건 거부해왔음을 깨달았다. 정열적인 아일랜드 남자인 니얼도, 이탈리아의 영화감독이던 알레산드로도, 연하의 프랑스 생화학자인 장─클로드도 그랬다. J처럼 감정적으로 가질 수 없는 여자에게도 그랬다.

그중 니얼은 그 세월을 이해할 수 있는 사람이자 잘 맞는다고 느껴지는 사람, 우리 아빠가 만나보고 좋아했던 사람이자 나를 완전하게 알고 완벽하게 사랑해준 단 한 사람이었다. 그는 안정적이고 다정하며 지독히도 사랑스러웠다. 그러나 나는 다른 여자를 향해 그를 밀어냈고, 그는 결혼하기 일주일 전까지도 나에 대한 사랑을 맹세했지만, 나는 그가 필요 없었다(부모님이 주시는 안정감과 사랑이 있었고 큰 꿈도 있었으니까). 그리고 나는 스스로 운명이라 생각했던 길 위에 그가 서 있지 않기를 바랐다.

우주는 내게 시간을 주었고, 나는 다음 단계를 향해 움직이기 전에 그 시간을 받아들였다. 그다음 단계가 가족을 이루는 것이든, 다시 사랑에 빠지는 일이든, 사업가가 되거나, 책을 쓰거나, 농장으로 이사를 가서 매일 카우보이 부츠에 반바지를 입거나, 나다운 모습 그대로 돈을 벌 수 있는 수입의 원천을 발견하는 일이든 상관없었다. 내가 상상하던 모든 것이었으니까. 시칠리아섬에서 나는 스스로 강하고 쓸모 있고 균형을 이뤘으며 실재한다는 느낌을 가지게 됐다. 내 삶에 진정한 평형이 찾아왔고 나는 이를 지키고 싶었다.

내면 아이

에트나 산을 오르는 것은 순리였다. 나는 그 산을 가까이에서 보고 내 장화 아래에서 소리 내며 부서지는 검은 용암의 숨결을 느끼고 싶었다. 마야와 나는 오후 늦게 등산하기로 결정하고는 차로 구불구불한 길을 올라 폐쇄된 스키장 구역으로 들어섰다. 그곳에서부터 걸어 오를 예정이었다.

그녀는 길 한가운데로 천천히, 70세쯤 된 할머니처럼 차를 몰았다. 차를 세운 후 그녀는 매니큐어를 바른 손으로 두툼하게 마리화나 담배를 말았고 우리는 산기슭에서 피웠다. 마야는 눈을 감고는 짐짓 맨 정신인 척하며 내 손을 꽉 잡고 기도를 드렸다. "어머니 에트나 산이시여, 우리를 당신의 성스러운 흙으로 반기심에 감사드립니다. 나마스테."

눈으로 보기에 에트나 산에는 우리밖에 없는 것처럼 보였다. 그리고 돌 하나하나가 신성한 존재처럼 보였다. 나는 그 느낌이 마리화나 때문인지, 자연이 내리는 신성함인지, 아니면 둘 모두 덕인지 절대 알 수 없을 것이다. 하지만 상관없었다. 마야는 에트나 산을 향해 말하기 시작하면서 자신의 감사함을 표현하고 인도를 부탁했다.

내가 소변을 보고 싶다고 말하니 마야는 이를 특권이라 생각하라고 말했다. 그녀는 내 근처에 쪼그려 앉았고 우리 둘 다 에트나를 향해 길고 뜨거운 오줌 줄기를 흘려보냈다. "세상에나." 마야가 웃으면서 소리쳤다. 야생에서 쉬를 하다니 죄책감을 느꼈지만, 자유롭고도 육욕적이었다. 완전히 미친 짓이었지만 전혀 미친 짓이 아니었다. 마야는 에트나의 땅에 살고 있었고 산에 대해 깊은 존경심을 품고 있었다. 나는 지나가는 행인이자 이방인, 그리고 도시에 사는 사람이었지만 에트나 산은 내게도 예의를 갖추라고 요구하고 있었다.

농장에서 자란 우리 아빠는 내게 자연을 존중하고 존경하며 귀 기울여야 함을 처음으로 보여준 사람이었다. 자그마한 집 앞뜰도 마찬가지였다. 자연은 그에게 종교였다. 내가 기억할 수 있는 가장 오래 전부터 매일 아침이면 아빠는 바깥으로 나가 현관에 서서, 가끔은 말보로 라이트를 피우고 가끔은 피우지 않았다. 아빠에게 무엇을 하냐고 물을 때면 아빠는 어쩔 수 없이 이렇게 대답했다.

"대자연에 아침 문안 인사를 하고 있어."

나는 자연에서 모든 것을 배울 수 있었다. 아인슈타인은 "자연을 깊이, 깊이 들여다보라. 그러면 모든 것을 더욱 잘 이해할 수 있게 된다."라는 유명한 말을 남겼다[1]. 에트나 산은 내게 그 편안한 지혜와 침묵을 제안하고 있었다. 나는 산을 떠나면서도 이를 간직하고 싶었지만 어찌 해야 할지 알 수 없었다. 이제 내 귀와 영혼은 그 맛을 한번 보았으니 더 이상은 예전처럼 지낼 수 없을 것이었다. 나는 소음이 아니라 고요함을 원했다. 시끄러운 술집도 싫고 삐걱거리는 지하철 전동차 소음, 사람들이 저마다 목청 높여 떠들어대지만 실제로 의미 있는 말은 전혀 하고 있지 않은 식당 소음도 원치 않았다.

등산 후 마야와 나는 다시 주차장으로 돌아왔다. 태양은 에트나 산 위로 지고 있었고 정상에서는 연기가 피어오르고 있었다. 연기는 길게 나선형을 그리며 노을 진 하늘 위로 자국을 남겼다. 당근 같기도 하고 진보라색 베개 같기도 한 구름이 하늘에 떠 있었다. 주변에는 아무도 없었다. 마야는 차 안의 라디오를 켰고 이탈리아 가요가 차 밖으로 흘러나왔다.

마야는 춤추기 시작했다. 한 손에는 유리잔을, 다른 한 손에는 병을 들고선 데르비시(dervish, 극도의 금욕 생활을 서약하는 이슬람 수피교도가 예배 때 소용돌이를 그리며 추는 빠른 춤―옮긴이)처럼 원을 그리며 빠르게 돌았다. 그녀가 입은 딱 붙는 검은 바지 위로 빨간 끈 팬티가 빼꼼 삐져나왔다. 그녀는 태어나서 처음 춤을 추는 아이처럼 활짝 웃었다. 나는 여전히 금주 중이지만 자연과의 교감을 위해 에트나의 살에서 태어난(에트나의 포도로 만든) 소박한 쉬라 와인을 한 모금 마셨다. 내가 마셔본 쉬라 와인 중 가장 맛있었다.

"우리 내면의 아이와 관련해 가장 어려운 부분은 그 아이를 낳는 거야." 마야의 즉흥적인 춤은 그녀가 전날 밤 했던 이야기를 떠올리게 만들었다. 그녀는 그 부분을 위해 노력해왔다고 말했다. 그녀의 행복은 전염됐고 나 역시 춤추기 시작했다. 누군가가 곁을 지나갔다가는 우리가 미쳤다고 생각했을 것이다. 그러나 우리는 우리 내면의 아이를 출산하고 있었고 이를 위해서는 광기가 어느 정도 필요했다.

우리는 나이가 들수록 내면을 향해 나아가는 것이리라(우리 안에서 강경하게, 단호하게 어른이 되기를 거부하는 우리 안의 작은 아이를 향해). 아마도 그 작은 소녀는 밖으로 나와 우리 주변의 그 재미없음을 무찌르기를 기다릴 것이다. 이를 가리키는 용어가 있으니 바로 안헤도니아 anhedonia, 즉 무쾌감증이다. 기쁨이 결여되어 있거나 기쁨을 느끼는 능력이 없음을 의미한다. 어른들은 무쾌감증으로 고통받는 데 능하다. 그러나 우리는 언제나 우리의 내면으로 돌아갈 수 있다. 나로 말할 것 같으면 지난 몇 년 동안 몇 번이고 초대를 받은 후에야 마침내 이를 수락했다.

16세기 스페인의 신비론자인 아빌라의 성녀 데레사는 다음과 같은 명언을 남겼다. "우리 내면으로 들어가보지 않고 천국으로 들어갈 수 있다고 생각하는 건 어리석은 일이다."

어디 보자, 나는 들어가긴 했지. 그러나 내가 무엇을 찾았는지, 혹은 어디로 이어질지는 여전히 확신할 수 없었다.

염소떼

어느 날 오후에는 웃자란 로즈메리 덤불과 내내 씨름을 벌였다. 늘 푸른 여러해살이 식물인 로즈메리는 순식간에 150센티미터까지 자라났다. 키가 그만한 나는 로즈메리의 죽은 가지를 뜯어내거나 잘라내다가 혼자서 다치기도 했고 내 팔뚝에 가느다란 붉은 선들을 남기고 말았다.

몇 시간 후 작업이 모두 끝났을 때 곁에 쌓인 로즈메리 가지들을 노려보며 느끼는 성취감은 신체적 상처를 감수할 만했다. 사이버 공간을 향해 쏘아버린 이메일이 아니라 내 두 손으로 해낸 일이었다. 잡초를 제거하는 일은 헤이즐넛과 레몬나무의 주변에서, 장미덤불과 포도 넝쿨 곁에서, 선인장과 알 수 없는 식물 뒤쪽 구석에서 이어졌다.

천천히 풀을 뽑고 또 뽑아가다 보면 풀 더미는 점점 나지막한 풀산이 되어갔고 그러면서 진척 상황이 눈에 보였다. 잡초를 뽑는 일 자체는 재미 없었지만 그 일을 하면서 명상하는 기분, 심지어는 정화되는 기분이 들었다. 단조로움은 어떤 안식처를 제공했고, 나는 왜 사람들이 정원을 가꾸면서 치유된다고 하는지 이해하게 됐다. 정원 일은 무자비한 생각의 흐름을 멈추게 했고, 그러면서 마음 역시 숨 쉴 수 있었다.

어느 날 아침 나는 늦잠을 자버렸고 비참한 마음으로 눈을 떴다. 나는 이 포도원에 전념하고 있었지만 건초열이 원망스러웠다. 체력이 고갈되면서 부주의해졌을 뿐 아니라 눈이 간지럽고 머리가 아프고 콧속도 문제가 생겼다. 상태가 이 정도로 나빠지리라고는 상상하지 못했다. 내가 늦잠 자는 사이에 두미트루가 허브들을 몽땅 심어버린 것을 알게 됐다. 허브 심는 일은 내가 그나마 잘 아는 분야였고 그는 내가 얼마나 신이 나 있었는지 알면서 그랬기에 울컥 화가 치밀어 올랐다. 그는 내가 일찍 일어나지 않은 것을 벌주려고 그런 것이었다.

농사짓는 사람들은 짜증 나게도 아침에 힘이 넘쳐나는데 나는 피곤할 뿐이었다. 엄청나게(그러나 다른 사람들은 눈치 채지 못할 만큼만) 부루퉁해진 나는 잡초를 뽑으러 갔다가 점심 때쯤 슬그머니 읍내로 나갔다. 포도밭이 줄지어 있는 외딴 오솔길을 따라 30분가량 걸어서 카푸치노를 마시러 갔다. 이번 주 들어 처음 마시는 커피는 마치 코카인을 코로 킁킁대며 흡입하는 기분이었다.

포도원으로 돌아오는 길에 나는 수백 마리의 염소 무리와 마주쳤다. 어디로 가는지 알 수는 없었지만 염소들이 텅 빈 길을 따라 터덜터덜 내려오자 통방울이 풍경처럼 딸랑이는 소리를 냈다. 양치기는 보이지 않고 개 두 마리만이 종종걸음으로 주변을 돌고 있었다. 염소들은 나를 보자 모두 제자리에 멈춰 서서 그 커다랗고 부드러운 눈으로 나를 바라보았고, 나 역시 염소들을 가만히 지켜보았다.

처음에는 조금 두렵기도 했다. 염소들은 길을 가로막고 있었고 그 주변으로는 빠져나갈 길이 없었다. 염소들이 나를 깨물 수도 있다는 생각을 하면서 두렵고 어색한 시간이 몇 분간 지속됐다. 그러다 염소들 안에서 나 자신을 보게 됐다. 아니 아마도 그 안에서 신을 보게 되면서 두려움이 사라졌다. 우리는 똑같이 우주에서 온 존재라고 느꼈으며, 염소들 안의 빛은 내 안에서 동일한 빛으로 비출 것이었다. 나는 조심스레 길을 비켜줬고 염소들이 물이 넘치듯 몰려와 내 곁을 지나치며 더 속도를 냈다. 그러면서도 나를 의심스럽다는 듯 쳐다봤다.

이 세상에 모든 생명은 연결되어 있는 법이다. 그런 까닭에 우리가 다른 누군가를 향해 화를 쏟아내면 스스로에게 벌을 내리는 것과 같다. 계속 화를 내는 것은 독약을 들이마시면서 다른 사람이 죽기를 기대하는 것과 같다는 말이 있다. 따라서 나는 아무 일도 없었다는 듯 두미트루에게로 돌아왔다. '그냥 넘어가자.' 내 몸은 그렇게 말하고 있었다.

/

사랑

/

에트나 산으로부터, 마야로부터, 두미트루로
부터 떠나가야 할 시간이라고 느껴졌다. 마야는 관습에 저항하는 삶을
보여줬다. 심지어 두미트루조차 내게는 뮤즈였다. 근면성실하고 정직
하고 겸손하고 소박하며 다정하고 순수했다. 힘겨운 삶을 살면서도 이
남자는 확고한 결단으로 충실하고 선량한 인품을 간직하고 있었다.

"소음 속에서 길을 잃어서는 안 돼요. 아니면 당신이 어디에 있는
지를 잊고 말거든요." 그는 내게 작별인사를 했고 이는 내가 그에게서
들었던 최고의 말이었다. 나는 그가 내 머릿속의 소음을 말하는지, 아
니면 이 세상의 소음을 말하는지 궁금해졌다.

그들과 헤어지고 약간의 문제가 생겼다. 몇 주간 나는 혼자가 아
니었다. 마야네 집에서 보내는 친목의 저녁, 지나다니던 수많은 사람과
의 대화, 마야가 요리한 야생 펜넬구이나 부드러운 버섯파스타, 카포나
타라고 부르던 말캉한 가지요리 같은 시칠리아 음식들이 나오는 즉흥
적인 동네모임 같은 것들이 다시 혼자가 될 내게 타격을 입혔다.

지난 몇 년간 나는 공기를 원하듯 여백을 갈망했고, 내 중심점을

기억하기 위해 지속적으로 고독으로 파고들었다. 그러나 나는 고독 속에서 외롭다고 느낀 적이 없었고 대개는 그게 좋다고 생각했다. 그러나 가끔 혼자 있는 것에 너무 익숙해져버리면 언제나 다른 사람들, 심지어는 다른 한 사람과도 함께 있는 것을 상상하기가 어려워져버린다.

아빠가 돌아가신 후, 나는 사람들을 피하게 됐다. 또한 사람들의 예측들이 내 진을 빼놓는다는 것을 깨달았다. 인간들이 무리를 이루며 산다 하더라도 홀로 휴지기나 다시 중심을 잡는 시간을 갖지 못하면 내면에서 무정부 사태가 벌어지기 일보 직전이 된다.

앞으로 몇 주는 가능하면 고립되어 공포들과 씨름하는 시간이 될 것이었다. 내게 무슨 일이 벌어지고 있는지, 내 인생은 어디로 가고 있는지, 마침내 어디에 다다르게 될 것인지에 관한 공포들이었다. 그 공포는 익숙한 것에서 멀어지자 표면으로 드러났다. 자연 속에서 일하는 것은 원기를 회복시켜주었지만 내가 생각했던 방식의 치유는 아니었다. 그보다는 모든 긴장이 풀리게 만들었다. 아니면 그 감정적이고 육체적인 불편이 치유의 일부일 수도 있었다. 상처가 회복되려면 딱지가 앉고 가렵기 마련이니까.

내 계획은 시칠리아 북쪽의 화산열도인 에올리에 제도에 있는 스트롬볼리섬에 가서 유명한 활화산을 등반한 후 높은 곳에서 굽어보는 넓은 시각을 얻는 것이었다. 그리고 나를 위로해주는 세상의 폭을 느끼며, 크게 심호흡하는 것이었다. 그러나 매표소의 남자는 페리호도 정박할 수 없는 곳이니 대신 근처에 있는 불카노섬으로 가보라고 했다. 로마신화에 나오는 불의 신 이름을 딴 섬이었다. 그 섬에도 마찬가지로 화산들이 있었지만 몇 세기 동안이나 잠잠한 상태였고, 오직 섬 선착장 근방에 있는 판기 디 불카노Fanghi di Vulcano의 온천수를 데우는 유황가스만이 꾸준히 분출되고 있었다.

페리선 위에서 나는 싸구려 민박집에 예약전화를 했다. 나는 급여를 받거나, 포도원 일을 하느라 몸 여기저기가 멍들어 있어 호텔에서 호사를 누리고 싶을 때도 검소한 생활을 계속했다. 내 부비강은 내가 노출시킨 물질들 때문에 잔뜩 성이 나 있었으며 내 피부는 광견병 걸린 고양이가 할퀴어놓은 것 같았다. 하지만 나는 그것을 치료하는 데 돈을 쓰지 않기로 했다.

선착장에 도착하자 근처 온천에서 풍기는 썩은 달걀의 유독한 냄새 때문에 머리가 어지러워졌다. 민박집에서 나온 가에타노라는 예순 몇 살쯤 된 남자가 나를 데리러 나왔다. 원래 로마 사람이라는 그에게서는 다정하고 우호적인 기운이 느껴졌다. 그는 아내 도메니카에게 나를 소개했다. 다부진 근육질 체격에 기름 낀 검은 머리를 짧게 자르고 활짝 미소 짓는 여성이었다.

이들은 점심식사에 나를 초대했다. 가지와 토마토, 그리고 리코타 치즈 샐러드가 곁들여진 전통적인 시칠리아 파스타 알라 노르마를 먹는 자리였다. 식사를 마치고 그들은 내게 전동자전거와 함께 작은 지도 한 장을 주더니 불카노섬으로 가보라고 했다.

불카노의 밑 부분까지 전동자전거를 타고 가서 가파르고 미끄러운 길을 기어 올라갔다. 분화구의 지름은 3.2킬로미터에 달했고 해발 400미터 높이로 우뚝 서 있었다. 밑에서부터 엄청난 압력을 받은 분기공이 분화구 전체에 퍼져 있었고 뜨거운 유황가스를 뿜어내고 있었다. 나는 거대한 분화구 속을 자세히 들여다보는 동안 이 길게 휘어 올라오는 유독가스 때문에 현기증을 느꼈다. 몸을 돌리자 군도와 사파이어 빛 바다가 숨이 멎을 만큼 아름다웠다.

이곳의 경치를 보며 나와 오빠가 중학생일 때 우리 가족이 갔었던 하와이의 마우이 여행이 생각이 났다. 오빠는 햇볕에 가장 까맣게 탔고 나는 언제나 나보다 오빠가 '더 인도 사람처럼 보이고', '더 이국적'이었기 때문에 부러웠다. 오빠가 이를 부끄러워하는 것 같다고 생각하면서도 그랬다. 나는 오빠의 피부가 더 갈색이라 엄마가 오빠를 편애한다고 원망했다(엄마 피부색에 더 가깝기 때문에). 완전히 바보처럼 들리는 이야기지만 당시 나는 그렇게 느꼈고 오빠랑 싸울 때면 더더욱 그랬다. 엄마는 나보다 오빠 편을 들었다.

아마도 우리가 살고 있는 나라에서 오빠가 겪게 될 삶은 여전히 '타자'의 삶일 것임을 의식했기 때문이었을 것이다. 갈색 피부를 가진 사람들은 타자였고 이민자로 북적이는 나라에서조차 그 삶은 쉽지 않았다. 반면에 나는 필사적으로 그 타자가 되고 싶었다. 나는 더 인도 사람처럼 보이고 싶어서 머리를 까맣게 염색하고 코에 피어싱도 했지만 소용없었다. 나는 동서양의 복합적인 부산물로서 이쪽도 저쪽도 아닌 정체불명의 존재였다.

나는 우리 부모님이 40년간 나누었던 깊고 애정 어린 동지애가 매우 드물다는 것을 안다. 아빠가 많이 아팠을 때 나는 엄마가 아빠를 돌보는 모습을 보아왔다. 간호사들도 있었지만 엄마는 무엇이든 당신이 직접 하길 원했다. 아빠의 머리를 감기고 얄팍한 이탈리아 식빵으로 그릴드 치즈 샌드위치를 만들어주고 싶어 했다. 단, 아빠 이에 낄 수도 있으니까 샌드위치에 참깨는 뿌리지 않고 말이다. 우리 집이 공포와 근심과 절망으로 가득 차 있을 때 그보다 더 세고 훨씬 더 강력한 것은 이 순수한 사랑의 에너지였다. 나는 그 사랑을 내 안에 한껏 간직했고, 그 사랑은 이미 내 안에 자리하게 됐다.

평생토록 나는 낭만적인 사랑을 수많은 종류의 다른 사랑들보다 더 귀히 여기는 실수를 저질렀다. 실제로 고대 그리스인들은 다양한 유형의 사랑에 익숙했기 때문에 그 모든 것에 특별한 이름을 지어주었다. 이러한 사랑에는 부모와 자녀 또는 형제자매 간에 흐르는 자연스럽고 친밀한 사랑을 뜻하는 스토르게Storge가 있고, 친구들 사이에 애정 어리고 플라토닉한 사랑을 의미하는 필레아Philia가 있다(이는 동등한 사람들 간의 사랑이다). 또한 필라우티아Philautia 또는 자기애의 경우 지나치게 자신에게 몰두하다 보면 부정적이 될 수도 있다(그리스신화에서 물웅덩이에 비친 자신의 잘생긴 모습을 보고 사랑에 빠져버린 나르키소스를 생각해보자). 아가페Agape는 가장 드물고 강력한 사랑의 유형으로, 완전한 수용을 기반으로 하는 무조건적이고 너그러우며 사실상 영적인 사랑을 뜻한다(따라서 아가페는 그리스 신약성서에서 광범위하게 언급되고 있으며 보통은 신의 사랑을 묘사하는 데 쓰인다).

나는 이 사회가 내게 주입시킨 그 연역적인 서사, 즉 낭만적인 사랑이 궁극의 사랑이라는 것은 틀렸을 뿐 아니라 제한적임을 깨닫기 시작했다. 그 세월 동안 내가 주고받았던 모든 사랑이 에로스의 경계를 넘나든다는 것을 깨닫게 되면서, 나는 내가 갑자기 느낀 충만함에 거의 반하고 말았다.

게다가 진실한 사랑은 내게 맞는 사람을 찾는 문제가 절대 아니었다. 사랑은 한 사람과의 관계가 아니라 '한 사람이 전체로서의 세계와 맺게 되는 것'임을 발견한 사람은 정신분석가 에리히 프롬이었다. 한 사람을 사랑할 수 있다면 나는 그 사람을 통해 세계를 사랑할 수 있고, 결국 그 사랑은 나 자신을 향하게 될 것이다[2]. 따라서 누군가에게 빠지고 빠져나올 수 있는 대상이 아닌 것이다. 그건 너무 경솔한 이야기다. 사랑은 언제나 어떤 형태로든 존재하며, 몸이 개방적이고 수용적이며 언제든 가까이 할 수 있는 존재다(방어적인 상태일 때는 제외한다).

이토록 탁 트인 전망에서, 이 세계의 것이 아닌 것 같은 위대한 경관에서 느낄 수 있었다. 내게 없다고 생각했던 사랑은 내가 가졌던 것이었고 우리 모두가 가진 것이었다. 이것이 우리 인생의 근원적인 힘이다. 내 곁에서 아무리 수다스러운 관광객들이 지팡이를 땅에 꽂으며 웅성거려도, 유독한 분기공이 내 어깨 뒤쪽으로 불길하게 부글거려도, 내 평화로운 존재에 대한 모든 방해와 모든 위협에도 그 무엇보다 더 큰 존재가 바로, 사랑이었다.

사랑하는 사람이 죽어갈 때 그 사랑은 어디론가 사라져버리는 걸까? 아니, 절대로 가버리지 않는다. 한 번 존재한 사랑은 영원히 잃을 수 없는 거니까. 사랑은 자유에 대한 모욕이 아니라 자유 그 자체다.

민박집 주인인 가에타노는 아내 도메니카를 사랑했다. 그녀를 볼 때 반짝이는 그의 눈을 보면 알 수 있었다. 이들에게도 뜨거운 로맨스가 있었다. 그녀가 즉흥적으로 화산에 방문했고 그것이 예상치 못한 로맨스로 이어졌다. 결국은 결혼하면서 평생을 약속하는 결합으로 마무리됐다. 그 후 17년이 지났고 지금도 사랑은 진행형이다. 가에타노는 따뜻한 마음을 가진 사나이였고 소박하면서 구수한 유머감각을 가진 사람이었다. 60대의 그가 구사하는 농담들에는 로마에 대한 악의 없는 무심함이 가미되어 있었다. 그리고 도메니카에 대한 넘치는 애정으로 그녀를 끊임없이 놀려대며 찔러댔다. 둘 사이에는 깊은 유대감이 존재했다. 그러나 둘이 무심코 내 얼굴에 대고 담배 연기를 뿜어내는 동안 나는 도메니카의 내면에서 뭔가가 흔들리고 있음을 감지할 수 있었다.

하루는 도메니카와 내가 풍요로운 햇살 아래 똑바로 누웠다. 느닷없이 그녀는 자기가 아이를 가지려 했지만 성공하지 못했다고 말했다. 그녀는 30대에 정자은행을 이용하려고 바르셀로나에 갔다고 했다. 그녀의 이야기를 듣자 눈물이 나올 것 같았다. 세상에는 자발적으로 아이를 갖지 않는 여성이 많고, 또 뜻하지 않게 아이를 가져서 행복하지 않은 여성도 많다. 도메니카는 아이를 갖지 못해 내면에 공허함을 가지고 있는 것처럼 보였다.

"왜 우주는 내게 이러는 걸까?"

그녀는 말을 멈추고 생각에 잠겼다. 나는 시타와 내가 케랄라의 그 작은 가게에서 이야기를 나눌 때 느꼈던 감정을 그대로 느끼기 시작했다. 뱃속이 아파왔던 것이다. '내가 정말로 엄마가 되고 싶다면, 화산에 오를 게 아니라 지금 바르셀로나의 정자은행을 가봐야 하는 거 아닌가?' 그러나 화산에 올라야만 했다. 그럼으로써 더 좋은 엄마가 될 수 있을 테니까. 나는 때가 되면 아기가 내게 올 것이라 믿었다. 내 마음은 내가 주도적이 되어야 할 때를 알고 있을 것 같았다.

"자연은 서두르지 않고도 모든 것을 이룬다." 노자가 이야기했던 고대의 지혜를 생각했다. 이는 도교의 정신이자, 자연스러운 흐름에 따라 움직인다는 무위의 개념이고 마음속에 목적지를 막연히 품고 있을 때 인생의 강은 구불구불한 길을 따라 나를 목적지까지 데려다줄 거라는 믿음이다. 내 점술가 겸 치료사인 밥은 심술궂지만 통찰력 넘치는 남자였는데, 이스트빌리지에 있는 작은 마술가게 뒤편에서 점을 봐줬다.

"당신은 뭔가를 한번 생각해봐야 해요. 내면의 목소리가 '거기가 네가 가야 할 곳이니라.'라고 말한다면 당신은 그때그때 인생을 사는 거예요. 당신이 후지 산 꼭대기에 오르고 싶다면, 그래서 계속 후지 산만 바라본다면 당신은 결국 뭔가에 걸려 넘어지게 될 거예요. 그냥 후지 산이 어디 있는지만 알아야 해요. 그리고 올바른 방향으로 가고 있다는 것을 믿어야 해요. 그리고 당신이 어디를 걷고 있는지를 확실히 알아야 똥을 밟지 않을 수 있어요."

단 한 번도 똥을 밟지 않고 인생을 산다는 것은 아마도 불가능할 것이다. 하지만 나는 자연이 확장된 존재였다. 걱정하거나 서두르고 싶지 않았다. 안잘리 박사 역시 내게 그러지 말라고 조언했고, 어쨌든 그녀는 월스트리트에서 일하는 전문의가 아니던가. 나는 계속 되뇌었다.

"서두르지 않을 거야. 걱정하지 않을 거야."

J와 함께할 때 나는 내가 누군가를 얼마나 깊이 사랑할 수 있는지 보여줄 수 있었다. 사랑이 너무나 깊고 넓었기에 내가 그녀를 사랑하는 것과 나 자신을 사랑하는 것을 나누던 선들은 휘어지다 결국은 사라져버렸다. J와 나는 연락을 끊었지만 나는 여전히 우리의 영혼이 통하고 있음을 느꼈다. 내가 이토록 멀리 떨어져 있을 때조차, 우리가 전혀 인식하지 못하고 있더라도.

우리는 마음을 산란케 하는 우리의 인생을 계속 살아가면서도 이런 일들은 여전히 수면 아래서 이루어지고 있었다. 연인과 헤어지거나 사랑하는 사람이 죽었을 때, 격렬했던 관계가 끝이 났을 때, 그 영혼들과 커뮤니케이션은 계속 이뤄지며 이는 일종의 치유와 같은 작용을 한다.

나는 어떻게 이를 알게 됐는지 알 수 없지만, 어쨌든 나는 사랑에 대해 가장 깊이 있는 방식으로 이해하게 되었다. 그 사랑은 어떻게 되냐고? 머물게 된다. 내가 사랑했던, 여전히 사랑하는, 그리고 계속 사랑할 사람이라는 이름으로 말이다. 나는 언제나 J를 사랑할 것이다. 나는 여기서 크게 위안을 얻을 수 있었다.

톨스토이는 행복으로 통하는 열쇠는
우리가 다른 사람을 사랑하는 능력 안에 있다고 말했다.
세상에 사랑을 쏟을수록 우리는 사랑으로 충만해진다.

그 사랑이 어디에서 오는지
알지 못할 때도 그렇다.
우주와 마찬가지로
사랑은 우리를 이해시킬 의무가 없다.

알몸에 썬글라스만 걸쳐라

영원이란 현재가 모여 만들어진다.

— 에밀리 디킨슨Emily Dickinson, 시인

성욕

／

판텔레리아는 시칠리아섬과 튀니지 사이에 있는 섬으로, 나는 그 섬의 동쪽에 있는 칼라 가디르에 잠시 머물기로 했다. 여기에는 온천이 있어서 주말에는 관광객들로 붐비지만 주중에는 한적했다. 나는 주말이 되면 태양과 화산이 데워놓은 작은 풀 pool 들을 혼자서 오롯이 즐길 수 있었다. 벌거벗은 채 물로 기어들어가 화산암 위에 머리를 뉘었다. 바람이 휘몰아쳤고 파도가 돌을 핥았다. 그리고 발가벗음을 통해 한없는 자유가 주는 엄청난 감정을 경험했다.

홀로 있으면서 벌거벗기까지 한다는 것은 특별한 일이다. 뉴욕에서는 아침에 눈 뜨자마자 현관문을 나섰고 직장까지 가는 지하철에 나자신을 욱여넣었으며 사무실에 들어가기 위해 인도를 쿵쾅거리며 인파를 뚫고 걸었다. 사무실은 개방형으로 칸막이가 거의 없었고, 일이 끝난 후에는 요가 수업을 듣거나 술집에서 친구들과 한잔하거나, 행사에 참석했다. 눈을 돌리면 어디에나 사람, 사람, 사람들이었다. 그러나 야생의 동물처럼 발가벗는 것은 뭔가 다른 일이었다.

가끔 나는 야외에서 해를 받으며, 오직 선글라스만 걸칠 뿐 다 벗은 몸으로 나무 탁자에 팔꿈치를 걸치고선 일하기도 했다. 내 피부는 아프리카의 뜨거운 태양 덕분에 점점 더 까매졌다. 나는 점차 내 완벽하지 않은 몸에 편안해지면서 언제까지 이렇게 벗고 있을 수 있을지 알고 싶었다. 나는 과거에 지나치게 내 몸에 비판적이었다. 슬프게도 대부분의 여성이 그럴 것이다.

음식과 수면부족에 학대당하고, 동시에 며칠 동안이나 프링글스와 버번위스키로 이루어진 식생활에서도 몸은 나를 포기하지 않았다. 심지어 그 어떤 육체적 고통도 안기지 않았다. 그럼에도 우리는 몸의 결함에만 관심을 쏟을 뿐, 몸이 쇠퇴하기 시작할 때까지 그 기적에는 거의 주목하지 않는다. 더 오랫동안 나체로 지내면서 나는 내 몸을(내 몸의 곡선들과 흐물흐물한 부위들) 더욱 깊이 받아들이게 됐다.

나는 그곳에서 내게 도움을 준 식당 주인과 친해졌다. 토마소는 판텔레리아섬에서 나고 자란 토종이었다. 여전히 남자를 단식하는 중이었지만 그에 관한 뭔가가 섹스를 부르고 있었다. 나는 글을 쓰고 명상하고 충전하면서 자연 속에서 혼자 시간을 보내기 위해 이 섬에 왔지만 토마소는 빈번히 재미있게 들리는 소소한 모험을 함께하자며 나를 초대했다.

섬 한가운데에 있는 천연사우나로 짧은 여행을 간다거나, 화산암 위에서 일몰을 보며 아페르티보(식전 술 ─옮긴이)를 마신다든지. 나는 동네 주민이 아니고서야 이곳들을 찾아낼 수 없었다. "죄송하지만, 저는 일을 해야만 해요."라고 말했지만 그럴 때면 그는 "그냥 딱 한 모금만 하러 와요."라고 말했다. 그 한 모금은 파시토Passito 한 잔으로 바뀌기 일쑤였다. 햇빛에 말라 당도가 높아진 지빕보Zibibbo 포도로 만든 달콤한 화이트와인인 파시토는 이 섬의 특산물이었다. 나는 꽤나 자제해가며 술을 마시는 사람이었지만 그것을 먹고 한두 번 마차에서 떨어지기까지 했다.

시칠리아 남자들은 교활하고 교묘하게 고집을 부리는 특성이 있었다. 이들은 거의 기적에 가까울 정도의 솜씨로, 전혀 계획하지 않던 일들을 하게 유도했다. 그 일을 하겠다고 동의하지 않았다가는 결국 우리가 과잉반응 했다거나 어떤 면에서 정신이 나갔다고 생각하게 만드는 방식이었다. 무엇보다도 나는 이 섬의 숨겨진 바위 공간이나 천연사우나 같은 것을 보여주겠다는 제안을 거절하기 어려웠다. 토마소 자체에도 매력이 있었지만 느릿하고 농익은 자연의 전개는 내 안의 뭔가를 자극했다. 자연 안에서, 화산 위에서, 호수와 바다 곁에서, 숲에서, 농장에서 보내는 몇 주 동안 나는 무섭도록 성욕을 느끼고 있었다.

토마소가 내 곁에 있을 때마다 나는 몸에 열이 급격히 오르는 것을 느꼈다. 문제는 그의 체취였다. 에스프레소와 정향 담배, 그리고 땀이 섞인 뇌쇄적인 향이었다. 이는 무겁고 관능적인 동물의 냄새이자 남성의 향이었다. 바보같이 나는 그가 보름달을 보러 호수에 같이 가야 한다고 우기자 이를 승낙하고 말았다. 물에 비친 보름달은 분명 훌륭할 거라고 했다. 나는 속으로 이는 조사 차원이라고 되뇌었다.

달은 경이로울 정도로 멋졌다. 보름달을 통해 반사되어 내게 되돌아오는 그 신성한 여성 에너지가 느껴졌다. 그곳은 완전한 침묵이 있는 곳이었다. 나는 토마소가 손으로 내 온몸을 쓰다듬을 때 달이 내게 말을 걸어옴을 느꼈다.

'내 잘못이 아니야. 이건 그저 생리적인 현상이야.'

토마소

나는 '남자 단식'을 완전히 그만뒀다고 말하지는 않으련다. 나를 회생시키기 전까지 그것은 무거운 짐이었으니까. 이미 연애 디톡스가 가져오는 절정을 느끼고 있었고, 내가 육덕진 남성성을 한 입 맛보았다 하더라도 나는 흐트러지지 않고 내 순례를 계속할 준비가 되어 있었다. 그 무엇도 잃지 않았다는(내가 스스로 완전해졌다는) 그리고 실재적이고 충만한 사랑이 그 어딘가에 존재한다는 생각을 구체화하기 위해 나를 자유로이 풀어주었을 뿐이었다.

문제는 토마소였다. 보름달 데이트 이후 그가 내게 다른 기대를 가지게 됐다는 것이었다. 토마소는 소유와 단란함을 원했지만, 나는 그에게 아무것도 원치 않았다. 그는 전화를 걸어서 만나자고 우겼고 내가 그 초대를 거절할 때면 부루퉁해졌다.

"뭐 해요?"

"일이요."

"오늘 저녁 먹을래요?"

"오늘은 안 돼요. 미안해요."

"아페리티보 한잔 할래요?"

"못해요, 미안해요. 다음번에 해요."

"그럼 저녁이요. 저녁은 먹어야죠."

"점심을 너무 많이 먹었어요."

나는 그게 사실이 아니더라도(보통은 사실이지만) 그렇게 말했다. 그가 씩씩대며 전화를 끊으면 나는 하루 종일 바게트를 뜯으며 집 안에 틀어박혀 있었다. 내가 밖에 나가거나 어딘가에 나타났다가 토마소에게 들키기라도 하면 곤란한 일이 뒤따를 테니까. 나는 교환학생을 온 게 아니었지만, 그는 내가 해야 할 수백 가지 일들을 전혀 이해하지 못했다. 설령 연애하려고 했더라도 나는 우리가 잘 맞는다고 생각하지 않았다. 그는 루이비통 여행 장비, 시가, 애플 제품, 그리고 말싸움(보통 나는 말싸움을 좋아하지 않지만 이탈리아어로 싸우는 것은 표현의 풍부함 때문에 재미있다는 것을 알게 됐다)을 좋아한다는 것을 제외하고는 토마소에 대해 잘 몰랐다.

그는 데비 이모가 말하는 '5개의 멜론'이 없었고 나는 그가 다정한 사람인지 확신할 수 없었다. 날이 갈수록 바람기 넘치는 천성에서 나오는, 화려한 이모티콘이 박힌 무차별적인 그의 문자질은 너무 당황스럽고도 짜증이 났다. 나는 결국 몇 시간 동안이나 핸드폰 전원을 꺼놨고, 전원을 다시 켤 때면 내가 어디에 있는지 다그치는 그의 문자메시지들과 부재중전화 기록이 화면을 채웠다. 나는 그에게 문자를 보냈다.

나는 글을 쓰려고 여기에 왔지, 연애를 하려는 게 아니에요. 나는 혼자가 좋고 지금은 여백이 필요해요. 당신 때문에 숨이 막히니 제발 혼자 있게 내버려두세요.

답이 왔다.

영원히 혼자 사세요.

순간적으로 격분했지만 몇 시간 후 화가 눈 녹듯 사라져버렸다. 충분히 오랫동안 침묵 속에 앉아 있다가 우연히 깨달았다. 만약 내가 영원히 혼자 살게 된다면 그건 내가 원해서일 것이라고.

물론 가끔 누군가가 주는 안정감에 갈망을 느끼곤 했다. 아무리 자주적이고 강한 여성이라도, 경제적으로 완전히 독립해서 필요한 게 전혀 없다 하더라도, 다른 사람의 지지와 우정에 대한 본능적인 인간의 갈망이 존재했다. 이를테면 내 인생이 펼쳐지는 모습을 지켜봐줄 사람, 40, 50살 생일을 축하해줄 사람, 자동차를 타고 갈 때 앞자리에 나와 함께 타줄 사람 말이다.

이 친밀감과 동지애를 갈망하다가 우리는 자신을 잃기도 한다. 그러한 갈망이 사회적 동물로 살아가기 위한 필수불가결한 부분이라도 어쩔 수 없다. 심리학자 브레네 브라운은 이렇게 말했다. "연결은 우리 삶에 목적과 의미를 준다. 신경생물학적으로 우리는 얽혀 있다[1]."

과거에 인도주의적 위기와 난민캠프, 빈곤 때문에 비틀거리는 지구 한 구석으로 파견되는 일에 끌렸던 것은 단지 이 일이 흥미롭고 중요하게 느껴져서가 아니었다. 분명 그것 역시 이유이긴 했지만, 그보다는 뭔가 더 큰 존재(아마도 인류일까?)와 내가 연결된다고 느껴졌다. 어떤 면에서 나는 단 하나의 관계를 추구하는 대신 전 세계와 이어지는 관계를 좇은 것이다.

인간과 인간의 연결. 나는 일을 통해 단 한 사람과 연결되는 것이 아니라 지리적 경계선과 인종, 종교를 초월하는 전 세계 사람들과 연결될 수 있었다. 주로 선생님, 엄마, 생존자, 목격자인 여성들이 주가 되었고 아이들도 있었다. 그들은 원하지 않았음에도 목격자가 되었지만, 그들은 목격하고 공유하고 연결됐다.

그 어느 것과도 연결되고 싶지 않을 때 또는 연결되지 않았을 때 우리는 지극히 위험해질 수 있다. 내가 이렇게 이야기할 수 있는 까닭은, 2014년에 내 가장 소중하고 오래된 친구가 외로움을 못 이겨 목을 매어 자살했기 때문이다.

아무리 자주적이고 강한 여성이라도,
경제적으로 완전히 독립해서
필요한 게 전혀 없다 하더라도,
다른 사람의 지지와 우정에 대한
본능적인 인간의 갈망이 존재한다.

내 인생이 펼쳐지는 모습을 지켜봐줄 사람,
40, 50살 생일을 축하해줄 사람,
자동차를 타고 갈 때 앞자리에 나와 함께 타줄 사람 말이다.

케니

/

나는 케니를 대학 시절에 만났다. 그는 똑똑하고 근면했으며 창의적이었고, 또 게이였다. 나는 일자눈썹에다 미심쩍은 패션센스를 가졌으며 베이글 때문에 살이 통통하게 오른 여자애였지만 그는 내가 예쁘다고 생각했다. 그리고 나를 따라다니며 사진을 찍어주다가 금세 친구가 됐다. 당시 나는 잡지 편집자가 되고 싶었고, 그는 인테리어 디자이너가 되고 싶었다.

우리는 그리니치빌리지에 있는 일식당인 '도조'에서 당근생강 소스를 뿌린 샐러드를 먹으면서 그런 이야기를 나눴다. 심지어 자녀 계획도 있었다. 35살이 될 때까지 서로 배우자를 만나지 못하면, 우리는 함께 아이를 가지기로 했다. 그러나 그때쯤이면 각자가 평생의 인연을 찾을 것이라고 추측했다. 몇 년이 지나 대학을 졸업하고 내가 미국을 떠났다가 돌아오는 일을 반복하는 동안 케니는 누군가와 막 연애를 시작하거나 끝낸 상태였다.

"지친다."

그는 남자친구와 잘 되지 않자 이렇게 말했다.

"알지."

나는 진심으로 동의했다. 그는 자살하기 몇 달 전 매우 힘겨운 시간을 보내고 있었다. 첼시에서 라이프스타일 디자인 가게를 열었고 빚에 허덕이게 됐다. 그는 어머니, 형과 불화를 겪고 있었고 당시 가족들과 연락이 끊긴 상태였다. 장례식이 끝난 후 그의 사촌은 내게 케니가 항우울제를 복용하고 있었고 자신이 여러 번 그를 데리고 정신병원에 갔다고 했다. 케니는 자신이 병원에 갇힐지도 모른다는 두려움에 마지막까지 병원에 갈지 망설였지만, 자진해서 자살방지를 위해 진찰을 받았다고 했다. 나는 그가 약을 복용했다는 것도, 자살충동을 느꼈다는 것도 몰랐다. 그는 이런 것들을 비밀로 감췄다.

마지막으로 내가 그를 보았을 때는 바람이 거세게 부는 3월의 어느 저녁이었고, 우리는 둘 다 패딩 재킷을 입고 있었다. 나는 다음날 캐나다에서 열리는 테드TED 콘퍼런스에 참석하러 비행기를 탈 예정이었고, 약간 산만했던 기억이 난다. 그는 누군가를 만나기 위해 기다리는 것에(자신이 얼마나 간절히 사랑을 원하는가에 대해) 지쳤는지 털어놨고 나는 그를 위로했다.

나는 나중에야 케니가 훨씬 더 강렬하고 빠른 어조로 왜 모든 것이 이토록 오래 걸려야만 하는지 이해할 수 없다고 했던 것을 깨달았다. 그의 언어는 절망으로 얼룩져 있었다. 그를 위로하려던 내 노력들은 소용이 없었다. 나 역시 아빠가 돌아가신 지 1년도 되지 않았던 시점이었기 때문에 내 슬픔에 조금이나마 도움이 되었던 모든 방법을 탈

탈 털어냈지만, 그 무엇도 그에게 와 닿지 않는 것처럼 보였다.

며칠 뒤 샌프란시스코의 케빈 브릭스Kevin Briggs 경사가 골든게이트 다리에서의 자살에 대해 이야기하는 테드 토크를 본 뒤, 나는 뉴욕으로 돌아가면 케니와 시간을 좀 보내야겠다고 생각했다. 브릭스는 특히나 우울해 보이는 친구에게 "자살을 생각해본 적 있어?"라고 묻는 것이 그 사람을 구할 수도 있다고 했다. 나는 그에게 더 좋은 청자가 되어야 했고, 더 좋은 친구가 되어야 했다.

너무 늦어버렸다. 내가 뉴욕으로 돌아가기 전날 밤, 밴쿠버에 있는 호텔에서 머무는 동안 케니의 어머니가 전화를 걸어왔다. 어머니에게 남긴 케니의 유서에는 그의 죽음을 알릴 짧막한 친구 목록이 있었다. 장례식에서 만난 케니의 어머니는 울면서 내게 그가 찍은 내 사진 앨범을 건넸다. "케니는 너를 정말 사랑했단다."

내 속이 완전히 무너져 내렸다. 나는 이러한 끔찍한 순간에는 내 속에서 실제로 무슨 일이 벌어지고 있는지 궁금하다. 고요한 폭발은 어떤 것일까. 분열되고 떨어져나가고 땋은 머리가 풀리듯 풀어져버리는 걸까? 감정의 혼돈 속에서 세포들은 그 누구도 들을 수 없는 날카로운 소리를 내며 터져버리는 걸까? 내가 생각할 수 있는 것은 '억누르자, 억누르자, 억누르자'라는 것이 전부였다. 숨 막히는 일이었다.

내가 그를 구할 수 있었을까? 그의 가까운 친구들 몇이 장례식이 끝나고 근처 식당에 모였을 때 우리 모두가 궁금해 했던 질문이었다.

우리는 여전히 충격받은 상태였고, 스스로를 나쁜 친구들로, 자기 자신에만 관심이 있는 이기주의자들로 느꼈다. 우리는 그에게 좀 더 관심을 기울여야 했고 징조들을 알아챘어야 했다. 우리는 나름의 인생과 마음을 괴롭히는 문제들 때문에 너무 산만했다.

"아니에요. 여러분들이 우울증을 몰라서 그래요."

사촌이 우리를 위로하려 애쓰며 말했다. 나중에야 나는 우울증과 연관된 사망률이 매우 높으며, 특히나 게이 남자에게서는 더 심각하게 나타난다는 것을 알게 됐다. 우울증은 너무나 견디기 괴롭고, 사람을 고립되게 만든다. 그리고 치료가 쉽지 않다. 명상을 통해 쫓아내버릴 수 있는 존재가 아니다. 케니는 절실한 외로움을 경험했고, 삶을 스스로 끝내버릴 정도로 단절되고 고립됐다고 느꼈다. 그는 자신이 살고 있는 세상의 기대에 압도당해버렸다. 성공해야 한다는 기대, 부자가 되어야 한다는 기대, 짝을 맺어야 한다는 기대, 그리고 사랑받아야 한다는 기대. 이런 기대들이 우울증을 이루었던 것이다. 그는 우리가 서로에게 연결되어 있음을, 그리고 서로에게 연결되어 있다면 절대로 혼자가 아님을 깨달았어야 했다.

그러나 그런 말을 내뱉을 수는 없는 법이다(헛소리처럼 들릴 테니까). 사람은 이를 이해하기 위해서 조용히, 혼자서 경험해야 한다. 우리 중 일부는 여기에 도달하지도 못한다. 그리고 우울증 같은 파괴적인 질병, 한 사람의 존재를 파고드는 그 극도로 소모적인 괴물이 우리를 집어삼킬 때, 우리는 연결을 느끼지 못한다. 나는 이제야 이해하게 됐지만 지금은 너무 늦어버렸다.

"어딘가에서 누군가를 끌어내올 수 있는 사람은 없다. 당신은 스스로를 구해내든지, 구해지지 못한 채 남든지 둘 중 하나다."

작가 앨리스 시볼드는 자신의 회고록 《럭키 Lucky》에서 이렇게 썼다. 그는 책을 통해 18살에 강간을 당한 자신의 이야기를 자세히 풀어놓았다. 그녀가 그러했듯 우리는 스스로를 구해야 한다. 아니면 구해지지 못한 채 남아버릴 것이다.

모계사회

7월에 사진촬영 업무를 부여받고 탄자니아로 가게 됐다. 나는 이탈리아 시칠리아섬을 떠난 뒤 카타니아에서 로마로, 로마에서 탄자니아로 향했다. 탄자니아에 있는 김에 사파리를 가보기로 했다. 그 유명한 세렝게티 국립공원을 포함해 16개의 국립공원과 17개의 동물보호구역을 보유한 탄자니아는 아프리카 대륙에서 야생동물들이 가장 밀집한 지역이고, 사파리 여행을 위한 주요 관광지다.

이 사파리는 내 마지막 즐거움이 될 수도 있었다. 몇 주 뒤면 나는 뉴욕으로 돌아가야 했다(내 자리가 있는지는 몰라도). 나는 돌아가야 한다는 생각에 한창 절망에 빠져 있으면서 내면으로 느끼기 시작한 나의 중심성을 다시 잃을까 봐 두려웠다. 그리고 깨어나는 것을 그만두게 될까 봐 두려웠다. 매즈는 이미 9월에 열리는 UN총회를 준비하기 위해 이메일을 왕창 보내고 있었다. 언제나 이맘때쯤에는 UN이 매우 혼란스럽다. 지금 이 소중한 몇 달간의 여행은 곧 전생에서 벌어진 일처럼 느껴질 것이었다.

내 사파리 가이드이자 40살의 탄자니아인 앤드류는 나를 다르에 있는 호텔로 데리러 왔다. 그는 내게 혼자 온 게 맞는지 물었다(보통 사파리는 신혼여행이나 가족여행으로 찾게 되는 곳이니까). 앤드류는 여행사에서 이야기를 들은 터라 여행자가 한 명이라는 것을 알고 있었지만 한 번 더 물었다. 악의가 있어서가 아니라 대화를 시작하기 위해서였다. 내가 맞다고 확인해주자 그가 말했다.

"꼭 표범 같네요."

"무슨 뜻이에요?"

"표범은 자신의 고독을 즐기거든요."

'그래, 표범 같지.'

나는 표범에 대해서 아는 것이 별로 없었지만 그 비유가 마음에 들었다. 표범은 강하고 아름답고 은밀하며, 약간은 신비롭고 순식간에 달아나버리는 동물이다. 이들은 혼자 있고 싶어 하는 것을 이상하다고 생각하지 않을 것이다. 그러니 나도 이상하게 생각할 필요가 없었다.

고속도로가 울퉁불퉁한 비포장도로로 바뀐 후 몇 시간을 달렸다. 끝도 없이 이어진 수풀 우거진 녹지대를 가르는 도로였다. 그리고 우리는 스위스와 폴란드를 합친 크기의 자연보호구역에 도착했다. 나는 흐르는 강물을 배경으로 무리지어 있는 포유동물들을 바라보고 있었다. 몇 분 동안 침묵을 지키던 앤드류가 말했다.

"쟤들의 땀은 분홍색이에요."

나는 하마들을 뚫어지게 쳐다봤다. 하마들은 거대한 회색 돼지처럼 보였고, 털 없는 피부는 분홍빛이 돌았다. 하마들의 강렬한 사향 냄새도 맡을 수 있었다. 앤드류는 훌륭한 운전사일 뿐 아니라 다재다능한 도보 전문 현장 가이드이기도 했다. 특히 야생동물과 포유동물들의 짝짓기 방식에 대한 그의 지식은 무한해 보였다.

"이건 그냥 풀이에요."

앤드류는 야생동물 교육의 일환으로 내 맨손에 코끼리 똥을 쥐어줬다. 그는 작은 농구공을 던지듯 풀이 삐쭉삐쭉 튀어나온 똥을 공중으로 던졌다. 나는 망설였지만 이를 받아서 손바닥으로 그 무게를 느껴봤다. 앤드류는 코끼리들이 모계사회를 이룬다고 했다. 어른 암컷들은 다른 암컷과 새끼들로 구성된 무리로 움직인다. 짝짓기 철에 암컷들이 발정하면, 이들은 소변으로 유혹적인 냄새를 풍긴다(앤드류의 말에 따르면 '멋진 향이 나는 소변이다). 수컷 코끼리들이 소변의 흔적을 따라오면, 발정 난 암컷은 인상적인 수컷을 골라 하루에 두세 번 정도 짝짓기를 한다. 그 후 수컷 코끼리는 야생으로 사라져버리고 다시는 뒤돌아보지 않는다. 코끼리 식의 원나잇스탠드다.

암컷은 임신해서 22달 동안 품고 있다가 아무렇지도 않은 듯 옆으로 누워 새끼코끼리를 낳는다. 갓 태어난 아기 코끼리는 보통 100킬로그램 정도 나가는데, 몇 시간 뒤에 네 발로 서서 걷기 시작한다. 암컷은 무리의 도움을 얻어 새끼를 키운다.

암컷 코끼리는 독립적이고, 수컷에게서 원하는 것을 얻어내며, 수

컷을 즐겁게 떠나보내고는 자신의 작은 아기코끼리를 키우기 위해 암컷들의 하렘에서 함께 어울린다. 암컷 코끼리는 자신의 생태계에서 현실적인 정력가였다. 고독한 표범이 되는 것이 멋진 일이라면, 암컷 코끼리가 되는 것은 더욱 멋질 수 있다.

우리의 생태 환경은 몇 세기 동안이나 상호작용에 의지해왔다. 완전한 분리는 환상일 뿐이다. 한 생물종이 상실되면 분명히 다른 생물에게도 영향을 미친다. 예를 들어, 건기 동안 코끼리들은 물을 찾기 위해 코와 발로 땅을 판다. 그렇게 해서 생겨난 물웅덩이는 그들을 살릴 뿐 아니라 다른 동물들에게도 물을 제공한다.

내가 쥐고 있는 똥조차도 생태계에서는 필수적이다. 똥이 땅에 떨어지면 그 속에 있는 식물 씨앗은 싹을 틔우고 풀과 덤불, 나무가 되어 자라난다. 모든 것이 서로 연결되어 있다. 모든 것에는 목표가 있고, 존재의 이유가 있으며, 자연 속에 낭비란 없다. 모두가 모두를 먹여 살리고는 우주 속으로 다시 돌아간다.

천문학자 닐 디그래스 타이슨Neil deGrasse Tyson은 우리가 생물학적으로 서로 연결되어 있고 화학적으로 땅에 연결되어 있을 뿐 아니라 원자적으로도 우주에 연결되어 있다[2]고 단언했다. 게다가 이 과학자는 사물들의 모든 초자연적인 측면을 이렇게 이해했다. "우리는 우주에 있을 뿐 아니라 우주는 우리 안에 있다. 나는 우주가 내게 주입한 것 이외에 더 심오한 영적 감정에 대해서는 아무것도 모른다[3]."

정말로 인생에는 낭비라는 것이 없었다. 내가 경험한 마음의 고통과 실망은 진화하고 성장했다. 존재하는 것만으로 우리는 비옥한 땅이자 창조를 위한 무한한 팔레트가 된다. 마치 씨앗에서 싹 트는 식물들처럼 모든 것이 슬픔으로부터 시작하게 되는 것이다. 어떤 모습에 이르게 될지 보려면 시간이 걸리겠지만 애도와 슬픔, 고통은 씨앗이고 두통, 절망, 결함조차 씨앗이다. 저마다의 왜곡된 방식으로 이것들은 우리 인생에 초대된다.

내가 열심히 사랑하고 잃지 않았다면, 나는 더 잘 자라지 못했을 것이다. 예전 어딘가에서 멈췄을 것이다. 그리고 지금의 나 이상으로 달하지 못했을 것이다. 이것이 우리가 그 모든 감정적 위험을 받아들여야 하는 이유다. 이로부터 우리는 발전하니까. 아빠를 잃지 않았다면 나는 질문을 시작하지 못했을 것이다. 한 질문에서 다음 질문으로 넘어가고 답을 구하려 하지 않았을 것이다. 눈을 크게 뜨고 그러한 질문들 속에서 살아가며, 이전까지 내가 보거나 존재해본 적 없는 방식으로 보고 존재하지 못했을 것이다.

눈물로 흠뻑 젖은 그 씨앗들은 내가 택한 오디세이가 됐다. 그리고 다른 방식으로(좀 더 성스러운 방식으로) 살라고 가르치고 있다.

결혼식

사파리 여행이 끝난 후 평범치 않지만 완벽한 일을 저지름으로써 내가 얻은 지혜를 실제상황에 적용하기로 마음먹었다. 나는 나 자신과 결혼하기로 한 것이다. 분명 이는 매우 상징적인 일이지만 다른 사람들이 생각하듯 기괴하지는 않았다.

인도에서만큼이나 중국에서도 결혼에 대한 압박이 엄청나다. '셩뉘(剩女, 남은 여자라는 의미 - 옮긴이)'는 중국어로 25살이 넘었는데도 여전히 싱글인 여자를 가리키는 말이다. 악명 높은 한 자녀 정책 (1979~2015년 시행)과 남아선호사상 때문에 중국에는 결혼적령기에 놓인 남성이 여성보다 2,000만 명 이상 많다. 그래서 여성이 30살이 되고도 여전히 배우자를 찾지 못하면 결혼 계획을 접어야만 한다.

따라서 어떤 여성들은 자기 자신과 결혼한다. 가끔은 모든 형식을 다 갖추고 공들여 식을 올리기도 한다. 하얀 웨딩드레스에 다이아몬드 반지를 끼고, 하객과 전문사진사까지 부른다. 이는 짠한 망상이 아니라 사회적 성명서를 발표하는 것에 가깝다. 즉 특정 나이의 여성을 참담한 실패자로 느끼게 만드는 사회에 대한 반항인 것이다.

이는 사회가 선호하는 틀에 여성을 맞추지 않고 좀 더 야생적인 여성의 원형에 근접한 방식이라고 볼 수 있다. 미국과 유럽에서도 '셀프 임파워먼트(self-empowerment, 목표를 설정하고 그 목표를 자각하면서 능동적으로 달성해가는 과정-옮긴이)'가 대세가 되면서 많은 여성이 자기 자신에 대한 평생의 헌신을 맹세하고 독신을 축하하고 있다.

어떤 싱글 여성들은 오른손이나 왼손 약지에 결혼반지를 낀다. '솔로가미sologamy'와 '독신혼self-marriage' 등의 용어로 알려진 이러한 의식은 급성장하고 있는 자기가치 운동과 '쿼키어론4(quirky alone, 결혼하기 위해 무턱대고 데이트하는 것보다 독신인 상태를 즐기는 사람-옮긴이)' 문화에서 비롯된 것으로 새로운 형태의 페미니스트적 성인식을 만들어낸 것으로 받아들여지고 있다.

우리는 다른 사람을 사랑하거나 다른 사람에게 사랑받기 전에 스스로를 사랑해야 한다. 스스로를 긍정하고, 파트너가 없어도 충분하다고 말하는 여성이 되어야 한다. 흥미롭게도 에릭 클라이넨버그Eric Klinenberg 같은 사회학자들은 오늘날의 사람들은 그렇게 할 수 있는 여유가 있다면 혼자 산다는 사실을 발견했다. 이는 사회적 부가 증가하면서 나타나는 현상이다.

그는 《고잉 솔로 싱글턴이 온다》에서 7년간의 연구를 통해 도시에 사는 싱글들은 혼자 사는 것이 행복하고(심지어 의기양양하기까지 하며), 슬프거나 외롭거나 친구가 없다는 고정관념에 들어맞지 않는다는 것을 발견했다. 솔로가미의 원인이 무엇이든, 의식을 통해 자기 자신에 대한 헌신을 약속하는 것은 강력한 의미를 지닌다. 따라서 남자 단식의 끝을 향해 가고 있는 나에게 알맞은 일처럼 느껴졌다.

나는 사파리 여행을 하고 나서 내게 필요한 것은 나고, 다른 사람들이 왔다가 떠나가더라도 회복력을 잃지 않고 스스로에게 머물러야 함을 깨달았다. 나는 친구나 가족도 동반하지 않은 채 결혼하게 됐다. 사파리 여행이 끝나고 다르로 돌아온 다음 2시간 동안 페리를 타고 잔지바르 시의 오래된 동네인 스톤타운으로 향했다.

혼자서 결혼식 준비를 시작했다. 결혼반지는 탄자나이트 보석 반지로 정했다. 1960년대 말에 대규모로 발견된 탄자나이트는 다이아몬드보다 훨씬 희귀하다. 왜냐하면 탄자니아 북부에서 가장 높은 산인 킬리만자로 산기슭에 있는 메레라니 광산에서만 찾을 수 있기 때문이다. 신비학자들은 탄자나이트를 매우 형이상학적인 돌로 생각해 그 진동에너지로 영성을 강화시킬 수 있으며 명상의 상태로 들어가게 해준다고 믿었다. 내가 산 옅은 라벤더색 탄자나이트도 마법 같은 능력을 지니고 있을 거라 믿기로 했다(라벤더색은 다른 종류보다 훨씬 쌌고 내 경제적 능력으로는 그 정도가 전부였다).

웨딩드레스를 고를 때 가장 신경 쓴 것은 바로 색깔이었다. 이곳 여성들은 캉가khanga라고 불리는 전통적인 보자기 천으로 사롱이나 숄, 아기 띠, 아니면 원피스를 만들어 입었다. 아니면 디라스diras라고 부르는 카프탄도 있었는데 천을 많이 넣기 때문에 풍성해서 위풍당당한 느낌을 주었다. 나는 위풍당당하기를 원했다.

먼지 가득한 옷가게들을 지나다가 작은 옷걸이에 석류같이 붉은 색의 긴 카프탄이 걸린 것을 보았다. 아주 부드러운 천에 노란 달빛 문양이 지그재그로 그려져 있었다. 대담하고 발랄하며 강렬하고 당당한 것이 내가 원하는 대로였고 10달러만 지불하면 됐다. 반지와 옷을 산 뒤 나는 섬을 가로질러 결혼식장으로 가는 택시를 잡았다.

나는 잠비아니라는 작은 어촌마을에서 청록빛 인도양이 바로 내려다보이는 빌라에 방을 하나 빌렸다. 스타일리시하고 소박하면서 아름답게 설계되어 있었다. 가벼운 나무가구와 커다란 점토 꽃병, 작은 수영장, 그리고 널찍하고 황홀한 방을 갖춘 이곳에는 아프리카의 색채가 군데군데 섞여 있었고 볏짚으로 이은 지붕이 얹혀 있었다.

빌라의 방들이 촘촘히 붙어 있고 식당 분위기는 아늑해서 손님들은 주말 동안 서로 친해졌다. 대부분은 커플이었고 그들은 카프탄을 입은 싱글 여성이 이자크 디네센Isak Dinesen의 회고록을 읽으면서 식사하는 모습에 흥미를 느끼는 것 같았다. 마치 나는 그들이 글로만 접해본 외래종 중 하나가 된 것 같았다. 나는 언제나 관습에 얽매이지 않는 상태를 즐겼다. 나는 이틀 동안 함께 시간을 보내면서 이 사람들의 목소리를 듣는 것에 익숙해졌고, 잠시나마 이들을 내 비혼식에 초대할 수도 있겠다고 생각했다. 그럼에도 그 순간이 오자 나는 모든 것이 부끄러워졌고, 그 자리에 우주만 초대했다.

떠나는 날 아침 일출에 맞춰, 마치 아침 명상처럼 결혼하기로 결심했다. 아침에 일어나 이를 닦고 카프탄을 입고는 모래 위를 소리 없이 지났다. 해가 실안개 위로 떠올랐고 이슬 맺힌 분홍빛으로 하늘을 물들였다. 무심한 소떼가 해변을 따라 느긋하게 걸어 내려왔고 나는 조용히 전날 밤 써두었던 맹세문을 읽었다.

나, 나타샤는 전통적이지 않은 방식으로 행복과 의미를 추구하기로 다짐하고 나만의 진정성 있는 인생의 길을 계속 만들어가도록 하겠습니다. 그리고 다른 사람들이 어떻게 생각하는지는 신경 쓰지 않겠습니다.

나, 나타샤는 나만의 인생을 살아가는 것을 즐기기로 약속합니다. 그리고 지금껏 받아온 모든 사랑과 충만함을 더 이상 당연히 여기지 않겠습니다.

나, 나타샤는 내 인생을 건강하게 하기 위해 필요한 여백을 허용하고 행복에 계속 집중하겠습니다. 그리고 느리게, 마음챙김을 하며 살아가겠습니다.

나, 나타샤는 내 안의 지혜를 잘 활용할 것이며 내 안에는 언제나 본보기로 쓸 수 있는 무한한 지혜가 보존되어 있음을 잘 이해하기로 약속합니다.

　나, 나타샤는 온전한 존재이며 나 자신의 온전함을 다시는 의심하지 않겠습니다.

존재하는 것만으로 우리는 비옥한 땅이고
나는 동화 같은 결말이 펼쳐지지 않더라도
내 온전함을 인정할 수 있었다.

나는 더 이상, 우리는 모두 불완전한 존재이며
다른 반쪽을 찾아 헤매는 반쪽이라는 미신을 믿지 않았다.

Part 9

도시의 소음 속에서 길 잃지 않게

나는 모든 존재 안에 있는
신성한 씨앗이다 [I].

－크리슈나 신, 《바가바드기타》 중에서

빛과 어둠

　　탄자니아 이후 270일의 순례를 마무리 지을 때가 왔다. 내 영적인 여정을 계속할 수 있는 방안을 찾아야 했다. 더 심도 있는 명상을 연습하면서도 힌두 경전인 《바가바드기타》[2]를 깊이 공부해보기로 했다. 이 경전은 동서양의 학자들이 인류 역사상 가장 훌륭한 영적인 책으로 여긴다. 랄프 왈도 에머슨과 헤르만 헤세, 마하트마 간디, 칼 융은 자신들의 철학적 연구와 가르침에 이를 참고했다. 올더스 헉슬리는 "인류에게 가치를 전하는 영성 진화에 대한 가장 체계적인 서술"이라고도 했다.

　　이 경전은 18일 동안 수백만 명의 전사들 중에서 극히 일부만 살아남게 된 쿠루크셰트라 전쟁을 담은 대서사시인 마하바라타Mahabharata[3]의 일부분이다. 약 1,800만 개의 단어로 이뤄져 있고 《일리아드》와 《오디세이》를 합한 길이보다 적어도 7배는 길다. 한마디로 이 시는 인도 북부에서 두 왕가의 일족인 판다바 형제들(착한 편)과 카우라바 형제들(나쁜 편)이 하스티나푸라의 왕좌를 두고 벌이는 싸움을 묘사하고 있다.

착한 편의 지도자인 아르주나 왕자는 뛰어난 전사였는데, 두 군 사이에 있는 너른 들판으로 뛰쳐나가 전투를 벌이기 직전에 싸우느냐 마느냐 하는 도덕적 딜레마에 빠져 꼼짝도 하지 못하게 된다[4]. 아버지 와 스승, 할아버지, 삼촌, 형제, 그리고 친구가 죽을 수 있다는 생각에 그는 자신의 현명한 친구이자 마부인 크리슈나[5]를 찾아가(결국 이 마부 는 크리슈나 신의 화신으로 밝혀진다[6]) "내 의무는 무엇인가?"에 대한 답을 달라고 간청한다. 그리고 크리슈나 신과 아르주나 왕자의 대화가 이어 진다. 700구절로 구성된 이 시는 명상부터 시작해 무집착, 자아의 특 성, 요가, 그리고 힌두교의 기본적인 교리인 환생과 카르마에 대한 가 르침까지 다룬다.

《바가바드기타》가 특별한 이유는 특정한 종교적 이데올로기나 세속적 관점을 제안하지 않기 때문이다[7]. 나는 한때 엄청나고 대단하 게, 그리고 단호하게 반종교적이었다. 종교들은 여성을 억압하거나 통 제했고 소수의 억압을 정당화해왔기 때문이었다. 또한 종교는 사람들 이 스스로에 대해 생각하지 못하도록 억제하고, 사람들을 조작하고 분 열시키며 속였기 때문이었다.

그러나 이 세상에서 종교가 지적인 방식으로 활용될 때 그 가치를 무시할 수는 없다. 역사는 조건부적인 존중을 가지고 읽어야만 한다. 종교적이거나 영적인 원문은 그 글이 쓰인 역사적 문맥을 진정으로 이 해하면서 해석해야 한다. 윤리 체계로서 문자 그대로 받아들일 수는 없지만, 대신 영감을 줌으로써 우리가 더 큰 그림과 궁극적인 진실을 볼 수 있도록 도와준다.

그 진실이란, 우리 사이에는 구분이 없다는 것이다. 어떤 경전은 철두철미하게 가부장적이며, 남성인 절대적 존재라는 개념을 바탕으로 만들어졌다. 진실은 모든 면에서 그 반대의 이야기를 하고 있었다. 내가 신을 경험하고 싶다면 내가 해야 할 것은 눈을 감고 내면으로 들어가는 것이다. 결국 시간과 인내를 가지고 나는 모든 것에서 신을 보게 될 것이었다. 신을 믿지는 않지만 신을 아는 것. 이는 완전히 다른 일이면서도 훨씬 더 심오한 일이다.

종교는 일반적으로 심오한 앎을 허용하기에는 지나치게 제한적이다. 그 단계에 도달하기 위해 초월해야 할 교리가 너무나 많다. 말로 표현할 수 없는 존재는 제대로 규정될 수 없기에 교회법으로 축소될 수밖에 없다. 종교는 인공적이고 독단적이며 배타적이다. 내가 생각하기에 종교, 그리고 종교에서 파생되어 만들어진 문화적 관행과 이데올로기는 여성이 완전히 개화하는 것을 허용치 않는다. 대신 이들은 여성을 억압하는 현재의 사회구조를 신성하게 만들고 여성들이 남성의 리더십에 순종하도록 만드는 힘을 종교 지도자들에게 부여한다.

나는 여성성이 만개하기를 간절히 바란다. 그러나 이 세상에서 인간들이 벌이는 끝도 없는 잔혹함을 오롯이 깨닫게 된다면, 그 상황에서 내 믿음을 유지하는 것이 쉽지는 않다. 몇 가지만 예를 들어도 끔찍하다. 여성과 아이들을 대상으로 하는 인신매매와 성노예화, 전쟁과 고

문, 투옥의 잔인성, 인종차별, 여성혐오에까지 이르지 않던가.

이에 대해 나 자신이 납득할 수 있는 그럴듯한 답은 이렇다. 다른 이들을 전혀 존중하지 않는 이런 사람들은 자기 자신, 그리고 자기 내면의 신(또는 하나님)과도 단절되어 있기에 어떻게 해야 할지 모른다는 것이다. 이 사람들은 빛, 사랑 또는 자각의 흔적조차 남아 있지 않은 상태에서 자신들을 뒤흔드는 원한 깊은 어둠에 사로잡혀 불안할 뿐이다. 이들의 아그니는 완전히 타서 사라져버렸고 내면에는 오직 어둠만이 남아 있을 것이다.

신

"TV가 내 명상이야."

순례의 마지막 달에 엄마에게 영상전화를 걸어 명상수련에 대해 의견을 물었다. 엄마는 리모컨을 꺼내 홈시어터를 향해 흔들며 대답했다. 오빠와 내가 크리스마스 선물로 설치해준 것이었다.

"나는 TV를 보고 의식을 잃지."

"그건 명상이 아니에요."

나는 왜 인도에서 온 엄마가 천성적으로 명상에 관해서 관심을 가지지 않는 걸까 궁금했다.

"글쎄, 나는 생각이 깊은데…."

"TV를 볼 때는 생각하지 않잖아요."

"대부분 내 마음은 비어 있단다. 아니면 휴대폰으로 게임을 하지. 명상하는 데 도움이 된다고. 아니면 치즈케이크팩토리에서 마르가리타를 마시거나…. 그러면 곯아떨어질 수 있거든."

나는 엄마의 독특한 '명상수련법'에 의심을 품고 있었고, 엄마는 늘 걱정을 달고 사는 사람이기 때문에 정말로 수련이 필요했다. 엄마의 말은 거의 다 "나는 (이런저런 이유 때문에) 걱정돼."로 시작됐다. TV를 보고 있을 때조차 뭔가에 대해 걱정했다. 나는 엄마를 너무나 잘 알아서 마음을 읽을 수 있을 정도였다.

"나는 걔가 자기를 돌봐줄 누군가를 만나지 못할까 봐 걱정돼. 요즘은 좋은 남자 만나기가 하늘의 별 따기라고 하더라고."

내가 집에 머물 때마다 엄마가 인도 친구와 전화로 시끄럽게 떠드는 것을 듣게 된다. 길을 다니면서도 엄마는 걱정한다. 내가 운전하고 엄마가 조수석에 타고 있을 때도, 아무리 내가 제한속도를 지켜 달린다 해도 엄마는 손에 잡히는 건 아무거나 닥치는 대로 붙들었다(대시보드, 보조석 사물함, 문짝이든 무엇이든). 조수석에는 눈에 보이지 않는 엄마용 브레이크가 따로 달린 것 같았다.

몇 년 전 나는 엄마에게 데일 카네기의 《카네기 자기관리론》을 선물했고 이 책은 엄마의 컵받침이 되어버렸다. 최근에는 그 책이 옷장에 처박혀 있는 것을 발견하고는 엄마가 읽었으면 하는 희망으로 베갯머리에 놓아두었다. 그리고 결혼하지 않은 딸에 대한 불안을 다스리는 데 명상이 도움이 될 것이라고 말했다(나는 참 성가시게 구는 딸이다). 그러면서 엄마에게 내가 가장 좋아하는 질문을 던졌다.

"내가 엄마를 짜증 나게 만드는 점수는 1에서 10까지 중 뭐예요?"

"10이지."

우리는 함께 낄낄댔다. 나는 내가 얼마나 짜증 나는 아이인지 잘 안다. 엄마는 항상 내 '미친 수다(엄마는 이렇게 불렀다)'를 견뎌야만 했다. 특히나 내가 작지만 강력한 지혜의 묘책들을 발견하게 되면서 더 그랬다(매일 그러다 보니 엄마는 내가 점차 미쳐간다고 생각했다).

"진정성을 가지고 말해야 해요. 의미하는 대로 말하고, 말하는 대로 의미하고." 나는 《네 가지 약속》에서 읽은 톨텍 인디언의 지혜를 부연설명하며 수다를 떨었다. 이는 내가 실천하고 있던 직접적이고 솔직한 삶의 접근법이었으니까.

"엄마는 엄마 딸이 이렇게 깨달음을 얻어서 행복하지 않아요?"

"전혀."

"내가 엄마의 스승인 건 알죠? 자식이 부모의 스승이라잖아요."

아무리 엄마를 놀리고, 말로 다할 수 없을 만큼 엄마를 사랑한다 해도 엄마에게 걱정 유전자를 물려받았다는 것은 짜증 났다. 집에서 멀리 떨어져 있는 동안 엄마가 내 문자메시지에 2시간 내에 답이 없으면 나는 최악의 상황을 떠올렸다. 가끔은 완전히 공황상태에 빠져 울기도 했다. 내 상상은 미쳐 날뛰었다.

'엄마가 계단에서 미끄러졌나?', '게토레이를 너무 많이 마셨나?', '치즈케이크팩토리에서 마르가리타를 실컷 마시고 음주운전을 했나?'

나는 엄마를 끊임없이 걱정했고, 엄마를 돌아버리게 할 정도로 엄마의 건강과 웰빙에 집착했다. 분명 엄마는 혼자였고, 혼자 남은 부모에 대해 나는 과보호할 수밖에 없었다. 엄마는 내 인생에서 가장 소중한 존재였으니까. 보통 내 나이가 되면 호르몬 때문에 자녀에 대해 걱정해야 하지만, 나는 아이가 없으니 엄마에 대해 걱정하게 되는 걸까 궁금해졌다.

　　엄마와 나는 누가 더 걱정을 많이 하나 경쟁하고 있었다. 하루는 내 무슬림 친구들과 일주일 동안 라마단 단식을 하기로 결심했다. 특히나 2016년 미국 대통령 선거운동 기간 동안 벌어진 이슬람혐오와 증오표출 발언이 그 계기였다. 나는 라마단 단식이 지난 몇 달간 내가 노력해오던 일들을 요약해서 보여주는 최고의 방법이라고 생각했다(내면에 집중하는 신성한 시간이 될 테니까). 대체로 단식은 부정적인 행동양식과 탐닉 등 우리를 지배하는 것들을 밝혀내고, 우리가 이를 인식함으로써 자유를 가져다준다. 어느 날 엄마에게 물었다.

　　"내가 라마단 단식을 하는 거 어떻게 생각해요?"

　　"끔찍한 생각이야. 왜 굶니? 넌 무슬림도 아닌데."

　　"그러니까 엄마는 내 영적인 발전을 응원하지 않는 거예요?"

　　내가 묻자 엄마가 소리를 질렀다.

　　"나는 네가 길거리에서 쓰러질까 봐 걱정이다. 게다가, 그건 너 같은 사람들을 위한 게 아니야. 그건 천국에서 72명의 처녀를 원하는 사람들이나 하는 거라고(당시 미국에서는 '비무슬림을 죽이는 무슬림 전사는 천국에서 72명의 처녀를 상으로 받는다.'는 이슬람 교리가 있다는 유언비어가 유행했다─옮긴이)."

　　"아니, 난 단식할 거예요. 그러니까 제 결정을 존중해주세요."

"지금 비건 음식을 먹는 걸로도 충분해."

엄마는 담배에 불을 붙이고선 한 모금 빨고 이를 내려놨다가 나중에 다시 불을 붙였다. 엄마는 살렘 담배를 폈는데, 나는 흡연자에게서 건강과 관련된 조언을 듣고 싶은 생각은 없었다. 나는 엄마에게 담배를 끊으라고 애원하고, 최면부터 세뇌, 괴롭힘까지 모든 방법을 써봤지만 소용없었다.

단식하는 동안 배고파서 화가 났고, 물을 못 마시자 입 속이 마르고 까끌까끌해져서 고통스러웠다. 그러나 나는 분명 느리게 살고 있었고 명상하며 더 긴 시간 동안 앉아 있다는 것을 깨달았다. 에너지가 부족하기 때문에 차분해질 수밖에 없었다. 이는 일시적으로나마 내 성격을 바꿔놓았다. 나는 덜 활기차고 좀 더 내향적이고 조용해졌지만, 마음속 깊은 곳에서 우러나오는 도취감 덕분에 잠시 흥분하는 순간도 있었다. 몇 달간의 디톡스는 내 몸에 변화를 일으켰다.

남자 단식이 내 영혼에 일으킨 변화와 같은 방식이었다. 식생활 디톡스와 연애 디톡스는 다양한 수준에서 나 자신을 재조정하고 고조시켜주었다. 그리고 이 기간 동안에 나는 애초에 이 순례를 왜 시작했는가로 귀결됨을 느꼈다. 결국, 나 자신을 구하기 위해서였다.

우리는 스스로를 구할 수 있기 전까지는 그 누구도 구할 수 없다. 이번 여행은 '기혼' 여성으로서 집으로 돌아오는 첫 여행이었다. 엄마는 내가 잔지바르에서 나 자신과 결혼한 것이 '귀엽다.'고 생각했고 내

허튼 소리에 장단을 맞춰줬다. 우리는 메릴랜드 록빌의 시시한 교외에 있는 라틴식당에서 열리는 웨딩파티에 초대받았다. 어린 시절부터 친하게 지내던 가족의 혼사였고, 이날 결혼하는 친구는 33살이었다.

석류 모히토를 홀짝이는 와중에 당연히 내 연애사가 도마에 올랐지만 나는 더 이상 두렵지가 않았다(나도 내 짝지가 있으니까). 식당에서 시끄러운 인도인들 패거리들이 내 혼인 여부에 대해 물을 때 나는 당당하게 내 손을 까딱였다. "아, 전 결혼했어요. 잔지바라에서 저와 결혼했죠." 나는 상기된 얼굴로 설명했다. 사람들은 내 요란한 반지를 찬찬히 뜯어보고 포복절도했다. 그들은 내가 미쳐가기라도 하듯 나를 바라봤다.

예전 같으면 약간 짜증이 났을 것이다. 하지만 나는 내가 만들어낸 새로운 공간으로 한 발짝 물러서면서 그에 대해 신중하고 방어적인 자세를 취할 수 있었다. 내가 원치 않은 것들, 다시 말해 부정적이거나 쓸데없는 것들로 내 공간을 채우고 싶지 않았다. 이제 그 누구의 생각도 더 이상 신경 쓰지 않았다. 나는 자유로움을 누리고, 보이지 않는 족쇄를 벗어던지고, 세상이 내게 정해준 모습이 아니라 내가 원하는 모습이 어떤 것인지를 다시 떠올렸다.

물론 역사적으로 동양의 어떤 여성들은 결혼하지 않았다(당시에는 평범하지 않게 여겨졌음에도). 8세기 이라크에 살았던 고대 수피 신비주의의 성녀였던 라비아 알-바스리Rabi'a al-Basri[9]는 결혼하지 않았다.

그녀는 명상과 철학을 발전시키며 초기 수피 시인들 가운데 가장 중요한 인물 중 하나로 추앙받았다. 자아실현을 추구하며 선각자로서 명성을 모은 그녀는 왜 결혼하지 않느냐는 질문에 이렇게 답했다.

"저를 불안하게 하는 것이 3가지 있습니다."

"무엇입니까?"

"하나는 제가 죽음의 순간에 제 믿음을 온전히 가져갈 수 있을까 아는 것입니다. 두 번째는 부활의 날 제 행동의 기록이 제 오른손에 자리할 것인지 아닌지를 아는 것입니다. 세 번째는 누군가는 천국으로 인도되고 누군가는 지옥으로 인도될 때 저는 어느 방향으로 인도될까 아는 것입니다. 그런 문제들이 제 마음을 차지하고 있는데, 남편까지 생각해야 합니까?[10]"

그녀는 신을 사랑받는 존재로 보는 수피 접근법의 첫 제안자로 널리 받아들여지고 있으며[11], 이 시를 통해 우리는 그녀가 신을 자기 밖에 존재하는 어떤 것으로 보지 않는다는 것을 알 수 있다.

신은 우리 안에 있다.
우리는 모두 신의 표현이다.
그리고 우리는 신성을 통해 서로에게 연결되어 있다.

신은 모든 곳에 있으며, 우리 안팎에 있다. 우리가 사람들을 그런 방식으로 바라보도록 훈련할 때 꽤나 많은 변화를 가져올 수 있다. 이는 삶에 대한 긍정적인 접근법이다. 내가 데이트어플이나 직장, 또는 일상생활에서 마주쳤던 바보나 치사한 놈들조차도, 내가 머릿속으로 인사를 건네면 그 존재를 좀 더 참을 만해진다. 또한 그 결과 나는 세상에 좀 더 깊이 연결된다고 느끼면서 덜 외로워진다. 그리고 연결감은 더 크게 느껴진다.

우주는 우리의 안에서 살아 있다. 이게 진실임을 이해하게 됐다.

내가 원치 않은 것들,
부정적이거나 쓸데없는 것들로
내 공간을 채우고 싶지 않았다.
그 누구의 생각도 더 이상 신경 쓰지 않았다.

세상이 내게 정해준 모습이 아니라
내가 원하는 모습이 어떤 것인지를
다시 떠올렸다.

Part 10

나는 내가 되어가는 중입니다

우리를 기다리고 있는 그 삶을 살기 위해선
우리가 계획했던 인생을 포기해야 한다.

−조지프 캠벨

/

지혜

/

과거의 내 약점 가운데 하나는 언제나 다른 사람에게서 지혜를 구했다는 것이다. 정기적으로 점성술가, 마야의 신비주의자, 침술가, 타로술사, 심령술사 두어 명, 새도 리더 한 명에게 상담받아왔다. 사람들은 신나서 조언을 쏟아냈다. 나는 아빠가 돌아가신 후 내 슬픔에 대해 이야기하는 데 도움이 될 전문가들을 찾는 것이 건강하고 책임감 있는 일이라고 생각했다.

심리치료사를 찾아갔을 때의 일이다. 나는 그의 가죽소파에 푹 파묻혔지만 내가 왜 거기 왔는지에 대해 속을 꺼내 보이기 싫었다. 마음이 무너져 내릴 것 같아서 말을 꺼낼 수가 없었다. 심리치료사는 내 연애에 초점을 맞췄다. 나는 그에게 내 연애사가 짧고 가끔은 의미 없는 만남의 연속으로 물들어 있다고 이야기했다. 누군가 추파를 던지면 사랑에 빠졌다고 말이다(그것도 아주 깊이).

타인에게 비싼 돈을 주고 1시간 동안 내 속을 쏟아낸 다음, 그의 피드백은 내가 "정상이 아니다."라는 것이었다. 그의 전문가적인 소견에 따르면 나는 내 비정상의 바닥으로 들어가기 위해 약 50번의 추가

치료가 필요하다고 했다. 그를 다시는 찾지 않았다. 대화요법이 얼마나 유용한지 알았지만 나는 어떤 기 빨리는 남자 놈이 내게 문제가 뭔지 말해주는 것이 싫었다. 단지 그때는 몰랐을 뿐이다. 앞으로는 돈을 날리는 대신 자제하기로 했다.

"가끔 우리는 모든 답을 알고 있으면서도 너무 바빠서 차선책을 찾아보지도 않아." 매즈가 지나가는 말로 했지만 뇌리에 와서 깊이 박혔다. 나는 내면의 지혜를 찾는 대신 다른 사람들이 말하는 것, 쓰는 것, 또는 생각하는 것에 지나치게 가치를 뒀다. 내 친구 밥은 언제나 그것에 대해 잔소리를 늘어놨다. "너는 네 힘을 낭비하고 있어."

명상과 느리게 살기를 통해 나는 현생과 보조를 맞출 수 있을 것이다. 이러한 내면의 지혜에 접근할 수 있는 또 다른 방법은 글쓰기다. 아침에 일어나서 의식의 흐름에 따라 3페이지가량 쓰는 것이다. 마음속 응어리를 배출해내는 연습을 통해 우리는 통찰력과 날 것 그대로의 지혜에 다가갈 수 있게 된다. 더 많이 쓸수록 더 많은 것을 얻게 된다. 물론 그 누구도 그 글을 읽을 수 없기 때문에 남몰래 하는 짝사랑, 아니면 뚱뚱한 사람을 향한 페티시에 관해 써도 좋다. 나는 감정의 고조를 그대로 따르기도 하고 나 스스로에 대해 질문을 던지기도 하는데, 가끔은 그 답이 저절로 흘러나올 때가 있다. 나 자신과 이야기를 나누는 과정이다.

내 친구 카밀라는 언제나 감사에 대한 이야기를 한다. 감사가 얼마나 강력한 약인지, 우리의 인식을 어떻게 바꿔놓을 수 있는지, 그리고 모든 행복과 충만함의 서두가 될 수 있는지 어느 정도 이해할 수 있다. 갑자기 어이없이 벌어진 일이 상황을 엉망으로 만들어도 선함을 향해 곧바로 나아갈 것이고, 어쨌든 좋은 일들은 여전히 존재할 것이다.

나는 올해 감사함을 제대로 연습하기 시작했다. 나는 상실과 슬픔을 경험했지만 감사해야 할 일투성이였다. 그 감사의 대상이 '햇빛'처럼 일반적인 것이라도 일기장에 써내려가기로 했다. 나는 여전히 많은 면에서 이 세상에 빚을 지고 있다고 느꼈고, 아무리 소소하더라도 이러한 것들을 매일 기록함으로써 기분이 나아졌다.

그럼에도 보통 늘 불만에 차 있는 친구들은 내가 감사함을 연습하는 중이라고 말할 때면 얼굴을 한 대 때리고 싶다는 듯 노려봤다. 어느 정도 이해는 간다. 자조하는 인간들은 진짜 짜증 나는 부류니까. 게다가 감사란 '느낌적인 느낌'과 마찬가지로, 실제로 감사할 일이 생겨도 이를 완전히 이해하지 못하거나 구체적으로 보지 못할 수 있다. 나는 내게 감사할 일이 자주 생긴 것인지 확신조차 못할 때가 많았다. 그러나 나는 그게 감사해야 할 일임을 알기에, 그리고 그렇게 내 에너지 파장을 좀 더 긍정적인 방향으로 바꿔놓아야 했기에, 감사 목록을 계속 일기장에 쓴다. 나는 엄마에게도 권했다. 엄마는 가끔 우리가 가진 것 대신 부족한 것에 초점을 맞추는 우울한 성향을 가졌기 때문이다. 그러나 엄마는 내 말을 무시했다.

나는 엄마가 평생의 동반자를 잃은 후 온전함이 손상되었다고 느꼈다. 어떻게 해야 엄마를 되돌릴 수 있을지, 공허함을 충만함으로 바꾸고 내가 다시 일어난 방식으로 일어나게 할 수 있을지, 아니 적어도 그리 노력하게 만들 수 있을지 알 수 없었다. 모든 이들의 애도 과정은 다르고, 모든 이들의 영적 여정 역시 다른 모양으로 이뤄지기 때문이다. 그리고 나는 내게 효과 있었던 것들을 엄마에게 무작정 강요할 정도로 어리석지는 않았다.

글쓰기를 통해 글로 쓰인 나 자신과 마주하면서 나는 치유될 수 있었다. 최근 들어 나는 이러한 지혜 또는 통찰력이 다양한 형태의 커뮤니케이션에서 드러나는 것을 본다. 이를테면 친구들과의 대화에서도 그렇다. 내가 지금 나누려는 지혜는 고요하고 현명하며 잘 알고 있는 곳에서 나온다. 과거에는 나 스스로를 묘사하기 위해 절대로 쓰지 않았을 그런 단어다. 이제 나에게 가장 중요한 믿음은 이것이다.

내게 필요한 모든 지혜는 이미 내 안에 있다.

물론 그곳에 다다르기 위해 약간의 노력은 해야 한다. 특히나 우리는 항상 뭔가를 갈구하지만(세속적 삶에서 얻어낼 수 있는 것 이상으로) 삶의 요구와 속도 때문에 욕구가 무너져 내릴 때 더욱 노력해야 한다. 우리 모두는 내면에 신을 가지고 있고, 신과 커뮤니케이션 하려면 시간을 따로 내야만 한다. 지난 몇 달간은 이를 위한 시간이었다. 즉 집으로 돌아오기 위한 이 여정은 내가 가진 욕구에 순응하는 것에서 시작된다.

명상, 예배, 요가, 단식, 성경을 읽는 것, 마리화나를 피우는 것, 음악과 미술을 하는 것, 자연 속에 있는 것, 사랑하는 것. 이 모든 것은 그 진실에 도달하기 위해 껍질을 한 겹씩 벗겨간 여정이다. 나는 그 진실에 닿았다고 느꼈고, 자아실현을 통해 이 세상을 다시 살아갈 준비가 됐다. 나는 내 진정한 자아로 돌아왔다. 결국 나는 내가 기다려오던 바로 그 사람이며, 나는 내게로 다시 돌아온 것이다.

/

깨우침

/

순례의 마지막 주에는 '디지털 디톡스'를 했다. 매즈는 글쓰기 연수를 위해 얼마간 쉬겠다는 내 요청에 마지못해 허용해주었다. 나는 지난 몇 달간 꽤 많은 글을 써왔고 이를 바탕으로 뭔가를 만들어내고 싶었다. "언제 돌아올 거야? 다시 태어나는 일은 다 끝난 거지? 이제는 뉴욕으로 돌아올 때가 됐다는 의미야."

그는 내가 업무를 잘 해내면서도 지난 몇 달간 뉴욕으로부터 점차 멀어지고 있다고 했다. 나는 이 말이 주는 불안감을 머리 밖으로 내쫓고 이메일 확인을 그만뒀다. 심지어 "작가 연수로 자리를 비웁니다."라는 답장이 자동으로 발송되도록 설정해놓고선 이메일들을 그대로 쌓아뒀다. 엄마가 이메일로 보내는 "50명 중에 1명은 비행기에서 사랑을 찾는 것으로 밝혀져." 같은 헤드라인의 뉴스들은 당연히 못 봤다.

이메일을 멀리하는 것 말고도 나는 트위터와 페이스북에서 로그아웃했다. 뉴스피드를 둘러보지 않는 덕에 나는 자유로워졌고 내 시간과 정신적 공간을 구해낼 수 있었다. 또한 시끄러운 담론에서 나 자신을 보호하기 위해 뉴스도 보지 않았다. 내가 있는 곳 아닌 그 어디로도 끌려가고 싶지 않았다.

나는 작가연수를 위해 그림 같은 마서즈 빈야드_{Martha's Vineyard} 섬에 있는 커다랗고 금방이라도 무너질 것 같은 집에 틀어박혔다. 난 생 처음 가보는 목가적인 낙원이었다. 여기저기 떠돌아다니며 혼자 글을 쓰는 그 모든 시간이 지나가고 난 뒤 희곡작가, 소설가, 그리고 두명의 단편작가가 함께하는 여류작가들의 공동체에 내가 들어갈 수 있다는 것은 정말로 기뻤다. 이곳은 진실한 이야기와 창의성이 존재하는 생태계였다.

하루 종일 글을 쓰고 자전거를 타고 섬을 탐색하면서 지냈다(바닷가, 숲, 그리고 야생동물 보호구역까지). 그리고 여자들의 공동체로 돌아왔다. 우리는 의문을 품고 살면서 우리가 누구였는지, 지금은 누구인지, 그리고 무엇이 되고 싶은지 사이의 불안정한 지형을 헤맸고, 또 그러면서도 현재에 단단히 기반을 잡고 살아가려 노력하는 여자들이었다. 우리는 모두 뭔가가 되어가고 있었다. 우리는 언제나 되어가고 있다.

문득 마야의 남편, 필립과 나눴던 웃긴 대화가 떠올랐다. 그는 자기 안의 여성 에너지와도 잘 연결되어 있는 사람이었고 마야를 진심으로 '신성한 현자'라고 불렀다. 내가 에트나에 가 있는 동안 그는 여행하던 중이었고, 내가 떠날 때가 다 되어서야 얼굴을 볼 수 있었다. 우리 셋은 어느 날 저녁 카타니아에서 저녁을 먹기 위해 다시 뭉쳤다.

마야는 내 시칠리아 모험의 후반부에 대해 이야기를 듣고 싶어 했다. 나는 판텔렐리아에서 벌거벗는 연습을 하고, 시칠리아 남자와 부적절한 관계를 가진 후 막 돌아온 참이었다. 당연히 나의 '남자 단식'이 화제가 되었다. 그러니까, 필립은 상대와 눈을 똑바로 맞추고 영혼을 다해 이야기를 들어주는 그런 진지한 남자들 가운데 하나였다.

"준비가 안 됐군요."

소유욕 강한 루이비통 마니아였던 토마소에 대해 횡설수설하는 내 모습을 보고 필립은 이렇게 말했다. 그는 목적어를 말하지 않았지만 나는 그가 무슨 이야기를 하는지 알아차렸다. 나는 방어적이 되어버렸다.

"저는 준비되어 있어요!"

그렇게 말하기는 했지만 솔직히 여태껏 준비가 덜 됐다고 느낀 것은 사실이었다. 작별인사를 하고 집으로 돌아가는 길에 그는 내 어깨를 잡더니 흔들어댔다. 내 얼굴에 닿는 그의 숨결에는 와인 향이 섞여 있었고, 그는 우주의 저 밑바닥에서부터 나는 것처럼 들리는 강하고 근엄한 목소리로 명령했다.

"준비가 되도록 해요!"

나 역시 그의 어깨를 꽉 잡고 말했다.

"저는 되어가고 있다고요! 저는 되어가고 있어요!"

그건 사실이었다.

어디선가 진정한 사랑이 더 이상 기다리고 있지 않다는 글을 읽었다. 사랑은 우리가 추구할 수 있는 존재가 아님을 이제 이해하기 시작했다. 사랑은 커리어가 아니다. 다시 말해, 우리가 누군가를 만나고 싶다면 우선 그 과정에서 스스로를 준비시켜야 하며, 다른 누군가와 인연을 맺는다는 것에 대한 비전이 있어야 한다.

우리에게 빛을 가져다주고 목적의식을 느끼게 해주는 어떤 존재에 초점을 맞추면서 우리는 올바른 방향으로 향하게 되지만 그 이상을 주도해나갈 수는 없다. 우리는 운명과 타협해야 한다. 목적을 설정하고, 믿음을 가지고, 우리가 있고 싶다고 생각하는 곳을 향해 움직이되 너무 무턱대서는 안 된다. 그리고 점성술사 밥이 '똥'이라 부른 것을 밟지 않도록 조심해야 한다.

초秒, 일日, 주週처럼 우리가 시간을 생각하는 규칙적인 단위가 있고, 그다음에는 우리가 원하는 것에 맞춰 우리 영혼이 준비되어 있는 상태를 의미하는 '타이밍'이 등장한다. 그리스 친구는 고대 그리스로부터 내려오는 개념인 '카이로스kairos'에 대해 설명해준 적 있다. 카이로스는 '적절한 순간'이라고 번역될 수 있다. 카이로스는 뜻밖의 기쁨으로 가득한 순간이자 우리 자신의 욕망을 충족하는 순간이다.

신약성서에서 카이로스는 전 역사를 걸쳐 하나님이 정해놓은 시간을 의미하며, 예수 그리스도의 강림이 그 예라 할 수 있다. 이는 사람이 억지로 할 수 있는 것이 아니다. 사물의 타이밍은 우리를 넘어선 어떤 존재에 달린 일이다. 알랜 와츠Alan Watts는 이렇게 썼다. "수영을 할 때 당신은 물을 움켜쥘 수 없다. 그랬다가는 가라앉아 익사해버릴 테니까. 대신, 긴장을 푼다면 물 위에 뜨게 될 것이다."

사랑은 움켜쥐거나 닿을 수 있는 것이 아님을 깨달아야 한다. 산스크리트어에서 '꽉 잡지 않음'을 의미하는 단어는 '아파리그라하apari-graha'다. 즉 열린 마음을 가지고 세상 속에서 움직인다는 뜻이다. 나는 그 어느 것도 더 이상 붙잡거나 도달하려 하지 않을 것이었다. 나 자신이 그 어떤 것이 되어가려 했다. 그러면 어느 날 그렇게 될 수 있을 것이었다.

사랑은 늘 그곳에 있었으므로 나는 사랑을 찾을 필요도 없었다. 내가 사랑이었으니까. 그럼에도 나는 다시 데이트를 하게 될까? 물론이지. 하지만 달라질 것이다. 어떻게 달라질지는 모른다. 하지만 나는 달라졌고, 그러니 그것도 달라져야만 한다. 모든 것이 다르게 느껴졌다. 진정한 사랑을 찾았고 그것만으로도 이미 충분했다. 그 달의 마지막에, 최고로 아름다운 일이 벌어졌다. 내게는 성대하고도 기대치 못한 영적 출산이 찾아왔고, 지난 9달에 걸쳐 내 안에서 존재하고 자란 근원적인 감정이 탄생하고야 말았다.

나는 어느 날 아침 자전거를 타고 에드가타운의 라이트하우스 비치를 찾았다. 하얀 모래와 푸른 대서양을 내려다보며 앉아 있었다. 해변은 텅 비어 있었다. 그리고 갑자기, 내면에서 뭔가가 폭발하고 있음이 느껴졌다. 나는 주체할 수 없을 정도로 울기 시작했다. 왜 그런지 알 수 없었다. 슬프지 않았고, 외롭지도 않았으니까. 그러다 그게 감사라는 것을 깨달았다.

이는 자연의 박애와 아름다움에 대한 감사였다. 자유에 대한 감사이자 여백에 대한 감사였다. 내 부모님, 가족, 그리고 친구에 대한 감사였다. 사랑에 대한(내가 했던 좋은 경험과 나쁜 경험 모두에 대한) 감사였다. 내 건강에 대한 감사였다. 내가 영적으로 풍족하고 하고 싶은 방식대로 행했던(더 이상 내게 필요치 않은 것들을 벗겨낼 수 있던) 개인적인 프로젝트로 보낸 시간에 대한 감사였다.

빛.

사랑.

깨우침.

이 모든 것이 존재했다.

나는 계속 깨어 있을 수 있을까? 내 답은 '그렇다.'였다. 나는 그 질문을 지니고 살아가며 답을 줄 수 있을 것이다. 내 안의 아주 작은 일부는 전보다 더 깨어 있었으니까. 나는 미묘하게나마 내면이 변화하고 있다는 것을 깨달았다. 나로 인해, 내가 한 선택으로 인해, 그리고 내 안에서 자라기 시작한 씨앗으로 인해서였다.

그것이 우리가 바랄 수 있는 전부다. '조금씩 변하기.' 그 변화를 만들어내기 위해 내면에 여백을 만들어내고, 우리 주변에 공간을 만들어 좋은 것으로 채운다. 그리하여 우리 내면의 빛이 널리 퍼져나가 모든 것에 닿고 가로지르고 넘어설 수 있도록 해야 한다. 그리 힘든 일은 아니다. 언제나 단숨에 닿을 수 있는 곳에 있으니까.

내가 열심히 사랑하고 잃지 않았다면
나는 질문을 시작하지 못했을 것이다.
한 질문에서 다음 질문으로 넘어가고,
답을 구하려 하지 않았을 것이다.

슬픔과 분노, 무관심, 단조로움, 의기소침,
그리고 두려움을 인정하는 한편
우리는 그 감정들에서 스스로를 구해야만
성장할 수 있다.

PART2

1. "인생에 의미라는 것이 존재한다면 고통에도 분명 의미가 존재할 것이다. 고통은 하물며 운명이나 죽음과 마찬가지로 인생에서 지워버릴 수 없는 부분이다. 고통과 죽음 없이 인간의 삶은 완성될 수 없다." Viktor E. Frankl, Man's Search for Meaning (Boston, MA: Beacon Press, 2006).

2. Jon Wilson, The Chaos of Empire: The British Raj and the Conquest of India (New York: Public Affairs, 2016). 영국은 1600년대부터 인도를 지배했으며, 1757년 인도를 효율적으로 통치하기 위해 동인도회사를 설립해 1858년까지 운영했다. 인도는 1947년까지 영국왕실의 지배를 받다가 독립을 쟁취했다.

3. 《사랑의 기적(A Return to Love)》의 다음 부분에서 영감을 얻었다.

    우리가 지닌 가장 깊은 두려움은 우리가 부족하다는 것이 아니다. 우리의 가장 깊은 두려움은 우리가 헤아릴 수 없을 만치 강하다는 것이다. 우리를 가장 겁먹게 하는 것은 우리의 어둠이 아닌 우리의 빛이다. 우리의 사소한 움직임으로는 세상에 이바지할 수 없다. 다른 사람들이 당신 주변에서 불안함을 느끼지 못할 정도로 움츠려드는 것에서는 아무런 깨우침을 얻을 수 없다. 우리는 모두 아이처럼 빛나야 하는 존재다. 우리 일부에게서만 그러는 것이 아닌, 모든 이들이 그렇다. 그리고 우리가 스스로의 빛을 내뿜도록 할 때 우리는 무의식적으로 다른 사람들도 그렇게 하도록 만들 수 있다. 우리가 스스로의 공포로부터 자유로워진다면 우리의 존재는 저절로 다른 사람들을 자유롭게 만들 수 있다.

    Marianne Williamson, A Return to Love: Reflections on the Principles of "A Course in Miracles" (New York: HarperCollins, 1992).

4. Joshua Foer, Moonwalking with Einstein: The Art and Science of Remembering Everything (New York: Penguin, 2011).

PART4

1. "Marriage and Divorce," American Psychological Association, http://www.
    apa.org/topics/divorce/.

PART5

1. "Anthem," The Future, Columbia Records, 1992.

PART7

1. "Memorable Albert Einstein Quotes," A.S.L. & Associates, accessed October
    16, 2018, http://www.asl-associates.com/einsteinquotes.htm.
2. Erich Fromm, The Art of Loving (New York: Open Road Media, 2013).

PART8

1. Brené Brown, "The Power of Vulnerability," TED Talk, June 2010 at TEDx-
    Houston.
2. Neil deGrasse Tyson, Death by Black Hole: And Other Cosmic Quandaries
    (New York: W. W. Norton & Company, 2014).
3. Neil deGrasse Tyson, "Session 2: Discussion with Tyson, Weinberg, Krauss,
    Harris, and Shermer," Beyond Belief: Science, Reason, Religion, and Surviv-
    al, presented by The Science Network at the Salk Institute, November 7,
    2006, http://thesciencenetwork.org/programs/ beyond-belief-science-
    religion-reason-and-survival/session-2-4.
4. 정착하기보다는 싱글로 남는 것을 선호하며 무차별적으로 데이트하기보다는 잘 맞는
    사람을 만나길 기다리는 사람이라고 정의할 수 있다.

PART9

1. Bhagavad Gita: A New Translation, trans. Stephen Mitchell (New York: Three
    Rivers Press, 2000), chap. 10, verses 36-40.
2. 바가바드기타는 '영혼의 노래' 또는 '축복받은 이의 노래'라고 번역될 수 있으며, 마하바

라타의 일부로, 총 18장 700구절로 구성되어 있다.

3. The Bhagavad-Gita: Krishna's Counsel in Time of War, trans. Barbara Stoler Miller (New York: Bantam Classics, 1986). 대부분의 학자들은 마하바라타가 기원전 400년과 기원후 400년 사이에 쓰였다는 데에 동의하고 있다.

4. 나는 크리슈나 신이 어떻게 아르주나 왕자가 전쟁에 나서도록 설득했는지에 대해 이의를 제기하고 싶지만 기타 학자들은 이를 모든 인간의 내면에서 벌어지는 선악의 대결을 은유적으로 표현하는 것이라고 말한다.

5. 크리슈나는 사랑의 신으로도 알려져 있다.

6. 일부 힌두교도는 기타에 나오는 크리슈나를 비슈누 신의 완전한 현신으로 생각하며, 힌두교의 삼주신(三主神), 즉 세계의 창조와 유지, 파괴를 담당하는 세 신 가운데 하나로 여긴다. 나머지 다른 두 신은 브라마(창조의 신)와 시바(파괴의 신)다.

7. 기타는 깨우침을 위한 세속적 방식을 보여주면서 이를 성취하기 위한 다양한 길을 제안하고 있다. 기타는 베다와 우파니샤드의 좀 더 난해한 가르침을 이해하기가 어려운 일반인들을 위해 쓰였다.

8. Lysergic acid diethylamide (LSD). 애시드(acid)라고도 알려져 있다. 해리슨은 롤링 스톤 지와의 인터뷰에서 "내가 잘 살고 있다는 그런 압도적인 기분을 느꼈다. 그러니까, 그곳에는 신이 있었고 풀잎 하나 하나에서 신을 볼 수 있었다. 마치 열두 시간 안에 몇 백 년을 사는 것만 같았다."

9. 라비아 알 아다위야(RÐbi'a al-'Adawiyya)로도 알려져 있다.

10. Claud Field, Mystics and Saints of Islam (New York: Cosimo Classics, 2011).

11. Camille Adams Helminski, ed., Women of Sufism: A Hidden Treasure (Boston, MA: Shambhala, 2003).

지은이 **나타샤 스크립처**

자유를 누리고 커리어를 쌓다 보니 어느덧 사회가 불완전하다고 여기는 30대 비혼 여성이 됐다. UN에서 국제 구호원으로 일하기 전에 BBC, CNN, 알 자지라, 세계은행, 내셔널지오그래픽, TED, 콘데나스트 출판사 등에서 인 정받고 잘나갔다. 그럼에도 불구하고 가족들의 관심사는 온통 하나. "결혼 은 안 하니? 남자친구는 있고?"

SNS에는 친구들의 웨딩사진과 아기 사진이 올라오고, 결혼, 출산 문제에 관 해 내적 불안감을 느끼기 시작할 무렵 아빠가 위독해진다. 산소 호흡기에 의지해 가쁜 숨을 몰아쉬는 아빠를 보며 그녀는 하루라도 빨리 '적당히 괜 찮은 남자'를 찾기로 결심한다.

데이트어플, 결혼정보회사, 모임을 통해 만난 남자들은 지나치게 명랑하거 나, 너무 뚱하거나, 깊이가 없거나 거만했다. 사랑을 찾는 일에는 번번이 실 패했고, 절망적인 곳에서 사람들을 돕는 숭고한 일조차 지쳐버렸다. 결국 아빠마저 떠나보내고 그녀의 삶은 무너져 내린다.

어떻게 해야 내면의 평화를 찾을 수 있을까? 어떻게 해야 나라는 것만으로 온전한 느낌을 되찾을 수 있을까? '연애 디톡스Detox'에서 시작된 그녀의 여 정은 뉴욕에서 출발해 엄마의 고향인 인도로 향한다. 그리고 이탈리아 에트나 산자락에 자리한 어느 포도농장을 지나 탄자니아의 사파리로 이어진다. 그녀는 직접 키운 농작물로 한 끼를 만들어 먹고, 화산을 올라 오줌을 누기도 하고, 아무도 없는 온천에 알몸을 누이고, 사람들과 춤추며 마리화나를 피우는 기행을 펼친다. 그렇게 특별한 사계절을 보내고 나니 일상을 멈추고 떠나야만 했던 진짜 이유를 깨닫는다.

《나는 남자를 잠시 쉬기로 했다》는 출간 즉시 북미와 유럽 여성들에게 '남자 단식 Man Fast'을 유행시켰으며, 그녀와 같은 결심을 한 전 세계 수많은 여성들이 힘을 얻고 SNS에 인증 행렬을 이어가고 있다.

www.natashascripture.com

옮긴이 **김문주**

연세대학교 정치외교학과 졸업 후 연세대학교 신문방송학과 석사를 수료하였다. 현재 번역에이전시 엔터스코리아에서 전문 번역가로 활동하고 있다. 주요 역서로는 《캣치: 마음을 훔치는 기술》, 《물어봐줘서 고마워요: 비명조차 지르지 못한 내 마음속 우울에 대하여》, 《거울 앞에서 너무 많은 시간을 보냈다》 등이 있다.

나는 남자를 잠시 쉬기로 했다

2019년 10월 9일 초판 1쇄
지은이·나타샤 스크립처 | 옮긴이·김문주
펴낸이·김상현, 최세현 | 경영고문·박시형

책임편집·김유경 | 디자인·임동렬
마케팅·권금숙, 양봉호, 임지윤, 최의범, 조히라, 유미정
경영지원·김현우, 강신우 | 해외기획·우정민, 배혜림 | 디지털 콘텐츠·김명래
펴낸곳·쌤앤파커스 | 출판신고·2006년 9월 25일 제406-2006-000210호
주소·서울시 마포구 월드컵북로 396 누리꿈스퀘어 비즈니스타워 18층
전화·02-6712-9800 | 팩스·02-6712-9810 | 이메일·info@smpk.kr

ⓒ 나타샤 스크립처(저작권자와 맺은 특약에 따라 검인을 생략합니다)
ISBN 978-89-6570-865-0(03320)

쌤앤파커스(Sam&Parkers)는 독자 여러분의 책에 관한 아이디어와 원고 투고를 설레는 마음으로 기다리고 있습니다.
책으로 엮기를 원하는 아이디어가 있으신 분은 이메일 book@smpk.kr로 간단한 개요와 취지, 연락처 등을
보내주세요. 머뭇거리지 말고 문을 두드리세요. 길이 열립니다.